chili verlag

David Woźniak

Juleika Lippenrot

13 Erzählungen

chiliverlag

Zuletzt im chiliverlag erschienen:
DEUS IUDEX MEUS - Nur Gott ist mein Richter, Ralf Seeger, Autobiografie
Glasaugenstern - 101 Gedichte von Alex Dreppec
Strohblumenstörung - Politische Dichtung der Gegenwart
Vorübergehend nicht erreichbar - Über Kontaktabbrüche
PSYCHONYMOUS I - Vergeltung, Kurzkrimis
Chili Chicken - Ein Inder in Kassel, Anant Kumar
suchtraum, Sandra Stubbe, Roman
PSYCHONYMOUS II - Verzogen, Kurzkrimis
Lichtläufer, Gerwine Ogbuagu, Roman
TRANS I : Psychedelia, Isabelle Morgen, Autobiografie
Fassadenflucht, Politische Dichtung der Gegenwart II
Nachtschwarz, Himmelgrau, Kurzgeschichten, Horst Leiwig
Halli Galli in Gotha, Anant Kumar
Herzschlaf - Gedichte und Kurzprosa
Stimmwirbel - Gedichte, Michel Ackermann

1. Auflage Januar 2016

franchili / 35

Detaillierte bibliographische Daten sind unter http://dnb.ddb.de bei der Deutschen Nationalbibliographie abrufbar.

Lektorat, Gestaltung, Layout: chiliverlag
Cover nach einer Idee von David Wozniak

ISBN 978-3-943292-37-4 www.chiliverlag.de

Alles, was ich in mir habe, ist das
große Bedürfnis, mich zu betrinken,
nicht unter Menschen zu gehen
und meine Lunge mit Qualm zu füllen,
bis meine Finger gelb geworden sind
vom Rauch trauriger Tage.

aus: Die Finger ganz gelb vom
Rauch trauriger Tage

Inhalt

JULEIKA LIPPENROT

Das Mädchen neben mir ist vielmehr eine Frau, eine Diva, sagen zumindest ihre Beine, wie sie da übereinandergelegt in den Rauchschwaden verschwinden. Eine Femme Fatale, wie sich hier ein Rotweinglas eine Hand mit einer Zigarette teilt. Schimmert da tatsächlich Bordeaux-Lippenstift vom Rand?

Und doch: Ich sehe eigentlich nur einen roten Mund und sonst nichts.

Ich ziehe zögernd eine Kippe aus ihrer Schachtel und danke verblüfft. Wie konnte ich auch nur einen Augenblick daran zweifeln, weiterzurauchen? Wer aussieht wie sie, wenn sie am Filter zieht, erhebt Lungenkrebs zum Sexappeal. Marlboro und Lippenstift. Eine Idee von dekadentem Stil, entsprungen aus einem alten französischen Film. Anna Karina gibt mir Feuer.

Während die Flamme leuchtet, erscheint im Augenwinkel der Rest, der zu diesen Lippen gehört. Ihre Hände sind blass und fein, an ihren Fingern ist kein Platz für einen Ring. Während ich sie anstarre, bemerke ich zu spät, dass ich einige unglückliche Versuche, den Tabak zu entzünden, damit verbringe, am falschen Ende zu fackeln. Mit einem Höchstmaß an möglicher Lässigkeit drehe ich sie um, doch da lacht sie schon und wirft sich amüsiert zurück.

Ihr Rot wird groß und zu Tönen.

So wie sie klingt, wie ihr Mund sich verzückt, muss auch der Rest schön aussehen beim Lachen.

Ich gebe ihr das Feuerzeug zurück und versuche dabei, ihre Hände zu berühren. Sie fühlen sich an wie Porzellan. Ist sie echt? Ich sehe, wie ihre Zigarette kurz erglimmt, dann lange leuchtet – sie muss tiefe Züge nehmen beim Rauchen.

Die roten Lippen lächeln satt.

„Ich mach mal was Nettes an, ist das okay?", fragt sie, während ihre Tabakwolke in meine Richtung treibt und ich sie tief einatme. Eine neue Form der Körperlichkeit.

Ein Teil von ihr wird ein Teil von mir. Sie hat mich schon jetzt eingenommen. Die Faszination der unbekannten Geschichte, das Prickeln einer spannenden Möglichkeit.

Ihre Aura ist eine feine Wolke aus Nikotin und unbekanntem Duft.

Die simple physikalische Kraft der Diffusion treibt ihr Gefühl des Wohligseins von einem Ort hoher Konzentration zu einem mit niedrigerer Stoffmenge, von ihrer Zigarette in ihr Zimmer, von dort in mein Lungengerüst und durch den aufgeregt pulsierenden Blutstrom in meinen ganzen Körper.

Ich höre, wie die Plattenspielernadel aufsetzt, noch bevor ich antworten kann, dann zündet sie Kerzen an.

Ich erkenne: Sie trägt schwarz, ihre Lippen sind rot und Perlen hängen ihr um den Hals. Ihre feine Erscheinung entspricht ihrer Sprache, ihre Stimme ist leise, eine vibrierende Kopfstimme. Es klingt, als würde sie mir ein Geheimnis anvertrauen, als sie mir ihren Namen nennt.

„Juleika."

Sie heißt Juleika.

Juleika Lippenrot. *Ich bin so wild nach ihrem Erdbeermund.*

Noch vor ein paar Stunden war sie nicht einmal in meinem Leben und jetzt bin ich mitten drin in ihrem, oder zumindest dem Anriss, den ich dafür halte.

„Es ist schön, dass du da bist“, sagt sie und reicht mir ein Glas. Ich vergaß, deswegen sind wir ja hier, der obligatorische Wein, auf den sie mich noch eingeladen hat, nachdem wir uns so gut verstanden haben, dass der Abend nur bei ihr oder mir Zuhause enden konnte.

Der Rotwein schwenkt gefährlich in meiner Hand.

Warum zittere ich denn so? Ihre Lippen spitzen sich genauso verzückt wie heute am frühen Abend, als ich sie das erste Mal gesehen habe, Rotwein trinkend, Marlboro rauchend, vorher für sich allein, jetzt mit mir.

Sie teilt nun ihren Genuss. Mit mir, dem Unbekannten aus der Nacht, der ich nun plötzlich wert bin, dasselbe zu schmecken wie sie.

Balladenmusik erklingt aus den Lautsprechern. Könnte Billy Joel sein, und vielleicht ist er es ja auch, doch jetzt gerade kann ich nicht mehr in der Situation richtig einordnen, was außer ihr auf mich einwirkt.

Mein Blick auf Juleika und meine Aufmerksamkeit nur ihr gewidmet. Was spielt es für eine Rolle, was da sonst noch ist, wenn ich schon so viele Eindrücke, die von ihr ausgehen, für mich verarbeiten muss?

Jedes Wort wird überdeutlich wahrgenommen, jede Geste doppelt gedeutet.

Sie setzt sich neben mich und ich merke, dass ihre Wirkung mich überfordert.

Jetzt bloß nichts falsch machen, nur die Ruhe bewahren und schon gar nicht meine Nervosität zeigen. Ich darf nicht ihren heiligen Raum mit meinem Ungeschick entweihen, wenn sie mich schon hierher mitgenommen hat.

Ich sitze verkrampft, weil ich mich allzu sehr entspannen möchte, auf ihrem Bett und betrachte ein wenig hilflos ihr Zimmer, doch ich erkenne nichts.

Alles unwirklich, wie die ganze Situation, in der wir uns befinden. Wir sind in einem Tempo hier angekommen, dass es sich anfühlt, als hätten wir einige Sicherheit schaffende Momente übersprungen.

Ich spüre, wie alle Möglichkeiten, jetzt den Moment zu versauen, aus den Schatten kriechen und sich auf die Lauer legen.

Entspannen. Kurz die Augen schließen, und dann wird das schon gut gehen.

Am besten noch einmal tief einatmen, Luft holen.

Verflucht, riecht es hier fantastisch.

„Alles gut bei dir?"

Als ich die Augen wieder öffne, sitzt Juleika bereits näher neben mir, sie fährt mir lächelnd über die Schulter. Sie fühlt sich spontan vertraut an, doch da nimmt sie schon wieder ihre Hand zurück, als ich verlegen um eine Antwort meinen nervösen Speichel schlucke und wortlos nicke.

Wer in aller Welt bin ich gerade?

Ich merke, wie mir ein Tropfen Rotwein über das Kinn läuft und ich versuche, diesen wegzuwischen, ohne dass sie es mitbekommt. Vergeblich. Sie lacht wieder ihr Juleikalachen.

„Ist doch alles in Ordnung, du musst nicht nervös sein", sagt sie viel zu gefasst für meine Aufregung, und sie hat mich total durchschaut.

Dabei will ich eigentlich cool wirken, das habe ich mir doch vorgenommen. Den ganzen Abend schon, ohne Macken, ohne Schwächen, wenigstens heute, wenigstens hier.

Wollte ich zumindest sein. Ihretwegen einmal stark.

Einen Grund liefern, um sie zu beeindrucken.

War aber irgendwie vorherzusehen, dass das nicht klappen würde, wie denn auch, wenn ich meinen Blick nicht von ihr lassen kann?

Warum kann ich nicht nur ein kleines bisschen mehr sein wie sie?

Wie selbstverständlich sitzt sie da, ihre Beine französisch übereinander gelegt und die Hand mit dem Glas an ihrem Knie, als würde auch der Rotwein zu ihr gehören.

Nichts an ihr wirkt fremd oder befremdlich.

Der gesamte Abend ist für sie das Natürlichste auf der Welt.

Wo ist denn daran auch etwas Besonderes? Ist ja klar, dass sie mich mit zu sich nach Hause genommen hat, um mit mir noch einen Rotwein zu trinken. Versteht sich wie von selbst, dass ich hier neben ihr auf dem Bett sitze. Und wieso sollte sie auch nicht näher rücken und mich dabei wie zufällig mit der Hand am Bein streifen?

Was war das? Sie hat es tatsächlich getan.

Die Luft zwischen uns ist weniger geworden, das habe ich mir nicht eingebildet, sie hat sich wirklich näher zu mir gesetzt. Das kann ich riechen, ihr Duft ist stärker geworden, dieser Duft, der mich einnimmt und beschlägt. Dieser warme Geschmack von Holz und Rosen.

Und jetzt blickt sie mich an.

Von der Seite ist der Blick auf mich gerichtet und sie lächelt und sie sieht nicht weg.

Oh Gott! Warum habe ich jetzt weggeschaut? Als ob ich irgendwas in diesem Zimmer erkennen könnte, als ob ich irgendetwas anderes in diesem Augenblick sehen wollen würde als sie.

Diesen Moment, in dem sich Blicke kreuzen, den habe ich nie ertragen können, nicht bei Unbekannten und schon gar nicht bei schönen Frauen.

Wie sollte ich dann ausgerechnet Juleikas Augen standhalten? Und wie dieser feinen Führung ihrer Hand, die jetzt an meiner liegt?

In unendlicher Langsamkeit hat sie sich genähert, und als hätte sie nie anders gelegen, hat sie ihren Platz an meiner Seite gefunden. Ihre Hand liegt an meiner Hand und ich zucke, doch ich schaffe es, sie nicht von der Stelle zu rücken. Stattdessen kralle ich mich in ihre Bettdecke und wünsche mir, ich wäre besser als jetzt. Ein Mordskerl. Einer von den richtig Guten. Jemand, der es schafft, seine Souveränität auch dann noch zu wahren, wenn er mit einer so schönen Frau auf ihrem Bett Musik von Schallplatten hört, weil er nach einem angenehmen Abend noch auf ein Glas Wein mitgegangen ist, und der nicht erstaunt ist oder unpassend reagiert, wenn sie näher rückt und sich über ihn beugt und ihr Rotweinglas auf den Nachttisch stellt und dann das Glas aus seiner Hand nimmt und ihm noch einmal in die Augen blickt und dann immer noch lächelt und sich mit ihren Lippen auf seine Lippen presst und sieihnvölligunvorbereitetküüüüüüsst.

Mein Herz schlägt mir plötzlich aus der Brust und ich höre meine Schläfen explodieren. Nicht ich, jemand anderes bewegt seinen Mund, als ihr Lippenrot mir einen Kuss schenkt, und ich reiße die Augen auf und sehe ihr Gesicht und ich möchte es nicht mehr aus den Gedanken verlieren, und sie küsst mich noch einmal, ohne an Körperlichkeit zu verlieren und ich merke ihre Zunge an meiner Zunge und – ich muss mich unbedingt fangen.

Es wäre schade, nein, eine Schande, nein, eine Sünde, jetzt nicht mit allen fünfhundert Sinnen aufzunehmen, was sie mir gibt.

Tiiief Luft holen! Jetzt keine Panik. Augen schließen könnte helfen. Tut es auch.

Jetzt nur nicht durchdrehen bei diesem Duft, der mich benebelt. Es ist nicht ihr Parfüm, das mich so umschwärmt, nein, das erste Mal merke ich, dass es der Geruch ihrer Haut ist, der mich erreicht. Es ist sie, die ich so gut riechen kann, und ich schmecke sie und warum in aller Welt denke ich jetzt gerade daran, dass man ohne olfaktorische Sensorik nur die Primärgeschmäcker wahrnehmen kann?

Sie schmeckt – ich weiß nicht wie. Es ist nicht der Rotwein, es ist nicht der Tabak, den ich ihr aus dem Atem inhaliere, es ist das Wohligsein von allem, und ich merke erst jetzt, dass ich meine Hand bereits in ihrem Haar habe.

Na also, geht doch. Machen, nicht denken. Und vor allem nicht darüber, was alles schief gehen und wie man es vermeiden könnte. Wie jetzt gerade, als ich vergesse, irgendwas zu tun, als ich mich sie genießend fallen lasse. Mit dem Kopf auf ihr Kissen. Wir sind längst dazu übergegangen, unsere Umrisse abzutasten. Wir haschen nach Formen im flackernden Kerzenlicht und suchen nach Halt und Haut und Haaren.

Sie sitzt auf mir und mir gefällt, was ich spüre. Sie ist durch ihr Kleid hindurch warm, ihre Seiten sind glatt und trotz des Textils fühlt sie sich eben an. Als wäre nichts an ihr künstlich, nicht einmal die Kleidung.

Ich atme lauter, als ich ihr über den Rücken fahre und den Bügel ihres BHs entdecke. Schneller als ich eigentlich wollte zuckt meine Hand weiter, nicht, dass sie sich sonst was denkt, und ich verbleibe an ihrem Nacken. Ihr Hals ist eigentlich viel zu schmal für ihr hübsches Gesicht und ihre Perlen. Ich habe das Bedürfnis, sie genau dort zu küssen, wo ihr Puls schlägt, doch ich möchte nicht von ihren Lippen lassen. Meine Hand fährt zwischen ihre Kette und ihren Hals und als sie den Kopf senkt, hebe ich ihr den Schmuck über die Haare und befreie sie von dieser Last.

Nichts soll an ihr hängen, was ihr die Leichtigkeit raubt. Dass sie dafür gleich auch noch ihr Oberteil von sich wirft, möchte ich nicht gerade als allzu unangenehm beschreiben, doch wäre ich von selbst nicht dazu übergangen, es ihr herunterzureißen. Viel zu groß ist mein Respekt vor ihrer Schönheit, die ich nicht mit meinen ungeübten Bewegungen entehren möchte. Doch wie es sich anfühlt, als ich zum ersten Mal ihren Körper berühren darf! Wie von selbst ist meine Hand unter ihrem Kleid emporgeglitten auf ihrem nackten Rücken, und auch das muss *sie* arrangiert haben, denn hätte ich auch nur einen Augenblick daran gedacht, ich wäre sofort davon abgekommen. Meine Hand liegt auf ihrer Brust und sie – beendet das Küssen.

Ob das zu viel war?

Juleika, es tut mir leid, ich wollte nicht, dass es dir unangenehm ist, ich wollte dich nicht dazu bringen, aufzuhören, wegzugehen, dich aufzusetzen und mich nur noch anzuschauen und – oh! Sie öffnet ihren Reißverschluss am Rücken und zieht sich das schwarze Kleid mit nur einer Bewegung vom Körper.

Mein Herzschlag wird unerträglich laut und übertönt mein überfordertes Stammeln.

Nur noch in Unterwäsche sitzt sie auf mir und beginnt, auch mich von der unnötigen Kleidung zu befreien.

Ja, wie schön kann das Leben sein, aber nein, ich will doch nicht, dass du mich so siehst, schutzlos ausgeliefert, in meiner mageren Statur gefangen, und dabei bist du doch so unglaublich begehrenswert anzusehen, und jetzt, als du mir das letzte Hemd nimmst, das ich dir auch sonst immer geben würde, weil du alles verdienst, was ich besitze, obwohl ich nicht verdiene, dass du es annimmst, musst du sehen, dass ich niemals erfüllen kann, was du erfüllst in deiner Vollkommenheit.

Und doch beugt sie sich wieder vor und küsst mich am Hals und bewegt ihren Schoß an meinem und krallt sich fest in meinem Haar. Katzenakrobatik. Ich möchte, dass deine Spuren bleiben, wühl mich auf mit deinen wilden Lippen.

Warum sind deine Küsse kein Meer, zum davon trinken, darin schwimmen, drin ersaufen? Deine Hände wie Honig. Deine Finger wie Fänge. Du hast mich entzwungen und ich lege frei, was nur du sehen sollst.

Juleika, dein Lippenrot an meinem Hals, du trinkst den Angstschweiß aus meiner Drosselgrube. Fossa jugularis, dort, wo die Haut am weichsten ist. Mit deinen viel zu heiligen Händen läufst du an meinem Brustkorb entlang und zählst meine Rippen und jede erklingt im Glockenspiel, als du sie streifst. An meiner Linea alba, der weißen Bauchlinie, schenke ich dir meine Reinheit, und an der Straße zum Glück fühle ich mich von dir genau dort hingetragen. *On the road*, du gleitest mit mir von dannen, denn du lässt dich zu mir und an mir herab. Dein Körper ist ein Fluss und seine Berührungen bringen auch mich zum Zerfließenfließenfließenfließenfließenfließenfließen ... oh. Fuck.

Jetzt ist der richtige Zeitpunkt im Leben für Suizidgedanken. Ich halte mir die Knarre an den Kopf und drücke ab. Aus meinem Schädel schießt eine Wortwolke.

Ejaculatio praecox. Vorzeitiger Samenerguss. Ende der Leidenschaft in ein paar Sekunden.

Zerfließen, wie gesagt, am besten im Boden und nicht mehr auftauchen.

Scheiße.

Das einzige an meinem Körper, durch das jetzt noch Blut fließt, ist mein Gesicht, und dort schießt es völlig kompromisslos in die Adern. Ich habe aufgehört, Juleikas Rücken zu greifen, ich habe aufgehört, mich zu bewegen, und auch sie rührt sich nicht mehr.

Die Peinlichkeit der Situation ist unerträglich.

Ich möchte fortan nie wieder auch nur an Sex denken, ich entscheide mich fürs Kloster, ich steige um auf totale Askese, nicht einmal mehr mich werde ich in Zukunft noch berühren, aber bitte, bitte, warum kann ich mich jetzt nicht einfach nur in Luft auflösen?

Juleika löst ihren Griff von meinem halberigierten Glied und holt die Hand aus meiner Hose. Ejakulat klebt an ihr und sie richtet sich auf und schaut mich an.

Verdutztes Blicken. Starres Lippenrot. Und jetzt?

Sie bricht in Lachen aus und wischt mir meinen Samen ins Gesicht.

MAMIHLAPINATAPAI

Ob sie tatsächlich mich ansieht oder nur an mir vorbei, diese Frage stellt sich mir nicht. Ich sehe sie an und bemerke: Ja. Das volle Programm. Knutsch-Mund, Lippenstift, ein Schattenstrich der Wangenknochen, traurige Augen und die Hand mit einer Zigarette. Französisches Kino, denke ich, denn ich sehe sie nicht ohne Zigarette, bei jedem Blick, den ich auf sie werfe. Sie sitzt in der dunklen Ecke gegenüber im Raum, im Kerzenlicht wirft sie kokette Schatten an die Wand hinter ihr, umspielt ihre gesellige Runde mit schüchterner Zurückhaltung und ironiefreiem Lachen.

Amanda, denke ich mir, ist ein guter Name für sie, denn sie ist mädchenhaft gekleidet, elegante Schuhe, die sie gewollt lässig noch nie geputzt hat, betonende Strumpfhosen, Hipsterpulli und im Wechsel entweder die Ärmel hochgesteckt oder ihre Haare zum Dutt.

Nur schöne Menschen sitzen an ihrem Tisch. Sie trinken kultiviert ihre Weine und reden wahrscheinlich über nichts Geringeres als alte Filme oder die Kunst der Fotografie. Bestimmt knipst sie analog, denn sie nimmt sich gerne Zeit für die Ästhetik, die anderen nur Umstand bedeutet. Natürlich wird sie kein technisches Verständnis haben für das, was sie da eigentlich tut. Sie mathematisiert nicht ihre Kunst, allein ihr intuitiver Blick und ihr Gespür für die kleinen Schönheiten der unbemerkten Welt kümmern sich um die Faszination ihrer Arbeit.

Sie brennt für das, was sie macht.

Ihre adjektivschwangere Sprache schreibt sich wie romantische Gedichte, ein bisschen kitschig das Ganze, aber nicht aufdringlich, denn sie bricht mit konkreten Beobachtungen und präziser Beschreibung. Sie verliebt sich in Gespräche mit vielen Nebensätzen, es ist ihr wichtig, dass Worte wertschätzend behandelt werden, denn sie kümmern sich um uns, als wären wir fiebrige Kinder.

Pathetische Sprachbilder mit wilden Vergleichen – das gibt ihr einen Touch von Naivität, wäre darin nicht die Aussage einer größeren Weisheit, die nur die Erfahrung mit sich bringt.

Sie war schon viel unterwegs, hat schon viele Orte gesehen, aber nie wurden sie ihr zur Selbstverständlichkeit. Sie hat sich die Dankbarkeit über ihr Privileg bewahrt, die Welt aus mehr als nur einem Blickwinkel zu erfahren, deshalb erzählt sie auch gerne ihre Geschichten.

In ihren Erzählungen schwingt nicht die Selbstdarstellung mit, die man eigentlich erwartet, es ist eine ehrliche Weitergabe von Schönheit, ein großzügiges Bereichern der anderen.

Komplimente sind ihr wichtig.

Scherze und scharfzüngige Kommentare sind ihr zu simpel, sie bedient sich da, wo es den anderen schwerfällt, sich aufzuraffen, und weckt damit eigene Ansprüche, sich ein kleines bisschen besser zu geben, als man es manchmal intuitiv ist.

Sie ist süchtig nach ihrer rastlosen Perfektion, sie vollendet sich nicht im Streben nach Glück, aber im Verlassen eigener Fehler. Unebenheiten ihres Gemüts erklärt sie sich meistens selbst, durchbricht darin die Schutzwand der egoistischen Selbstgefälligkeit und wiegt sich und ihr schwindeliges Empfinden immer gegen die objektive Tatsächlichkeit der Umstände auf, um bloß nicht zum Makel des großen Ganzen zu werden.

Sie ist nicht abgeflacht in ihren Gefühlen, obwohl sie immer so gefasst wirkt. Mehr noch ist sie gegenüber diesen so sensibilisiert, dass sie die feinsten Ausschläge wahrzunehmen weiß, doch ordnet sie diese sofort ein, benennt sie, spricht sie aus, was ihr eine mögliche Impulsivität nimmt.

Ihr Mut, zur eigenen Fehlerhaftigkeit zu stehen, beruhigt sie und damit auch ihr Umfeld. Sie wird unangreifbar, weil sie selbst durchschaut, was an ihr nicht stimmt.

Man kann sie nicht nicht mögen, denn sie ist unterhaltsam und gutmütig. Sie möchte niemandem Böses zuzischen, doch ist sie so entgegenkommend und aufmerksam, dass man sich dadurch verunsichert fühlt. Man wird nervös in ihrer Gegenwart und diese Spannung wird nicht in Erfüllung böswilliger Erwartung aufgelöst, weil der Hinterhalt in ihrer Sympathie fehlt, den man plötzlich als Dolchstoß erwartet.

Sie konfrontiert die Menschen mit verschwiegener Zwischenmenschlichkeit und eröffnet sich selbst angstfrei. Damit überfordert sie die einen, während die anderen bleiben und sich mit ihrer Anwesenheit erfüllen.

Wenn ihre Hände einmal zittern könnten vor Wut, Enttäuschung oder Traurigkeit, hält sie diese ruhig. Sie beobachtet das Unglück um sie herum und weiß darüber zu sprechen, ohne dass sie in Zurechtweisung fällt, die einen selbst ertappt verlegen macht.

Sie ist so sehr mit sich im Reinen, dass sie mit ihrem Blick auch fremde Dinge ordnet.

Dabei liebt sie doch das Chaos.

Der Einfluss frischer Gedanken, unbedachter Ereignisse richtet sie in ihrem eigenen Sein aus. Ihre Augen sind offen, ihr Kopf dabei niemals frei, denn sie sieht das Geschehen in mehr als nur den wohlwollenden Inhalten, und ausgerechnet diese nimmt sie auf und verleibt sie sich ein. Die Ungerechtigkeit und der Egoismus, der anderes ausschließt, macht ihr zu schaffen, umhüllt sie, beschlägt sie von innen und erfüllt sie mit tiefgründiger Schwere. Sie weiß um die Möglichkeit der Leichtigkeit durch Desinteresse, doch wäre es für sie keine Option, sich von den Dingen fernzuhalten und damit die Welt für sich zu beschneiden.

Verändern möchte sie diese trotzdem nicht.

Ihre Ausgeglichenheit verbietet es ihr, die Dinge vom falschen Weg abzukommandieren, sie beobachtet und bezeichnet sie, doch ist es ihr nicht möglich, selbst zu fordern, was sie an ihnen irgendwann nicht mehr zu ertragen imstande ist. Sie hat ein starkes Herz, bei all dem, was sie an Gutem und Schlimmem aufzunehmen vermag. Schlägt es nur mehr erschöpft, kann sie es nicht länger ertragen, legt sie es ab und übergibt es, ohne zum Kampf anzutreten, umständehalber dem Ende, bevor sie an anderen Menschen etwas deformieren würde.

Und Enden zeichnen sich in ihrer Selbstwahrnehmung ab.

Die beendeten Geschichten zwischen Menschen und Ereignissen verfallen bei ihr nicht in Irrelevanz, sondern werden behaltene Notwendigkeit ihres nie abgeschlossenen Werdegangs. Sie trägt keine Narben, doch vergisst sie nicht, sie trauert nicht darüber, doch hat sie dadurch immer konkretere Bedürfnisse im Glücklichsein. Ihre Wünsche sind klar und kompromisslos, sie hat einen weiten Blick und ein offenes Gemüt für vieles, doch ist sie kaum in der Lage, etwas durch die Engmaschigkeit ihrer Vorstellung bis hin zum Kern ihres Wesens durchzudringen. Was sie berührt, nimmt sie wahr, doch verfängt es sich im Versuch, bis hin zu ihrem intimsten Inneren durchzudringen, im Filter ihres Erfahrungsschatzes.

Es ist unmöglich, sie zu fassen.

Man wird bemerkt, begleitet sie ein kurzes Stück, tut sich aber schwer daran, eine tatsächliche Rolle in ihrem Leben einzunehmen.

Sie hat tiefe Gedanken und große Gefühle. Sie hat ein unerschöpfliches Kontingent an Liebe zu geben und man fühlt sich geehrt, einen Ausschnitt ihrer Aufmerksamkeit zu erhalten.

Ihre Worte, die sie spricht, sind ohne Lüge, die Zeit, die sie teilt, präsentiert sich als Geschenk. Auch wenn man mehr möchte, als sie zu geben gewillt ist, ist es bis zum Scheitern daran groß genug, sich zumindest daran zu versuchen und sich auch am kleinen Teil ihres Wesens zu erfreuen.

Amanda.

Was wir jetzt schon haben, ist mir heilig und wohl.

Ich sehe sie an und sie sieht mich.

Mehr werde ich nicht verlangen.

Mamihlapinatapai.

Das Austauschen eines Blickes zwischen zwei Personen, von denen jeder wünscht, der andere würde etwas initiieren, was beide begehren, aber keiner bereit ist, zu tun.

ANSTELLE EINES SEEMANNS

Jedes Mal bricht es aus ihr heraus, wenn ich mir eine Zigarette an der Kerze anzünde, und immer reagiere ich wie vorherbestimmt patzig darauf. Es wirkt, als würde sich Emilia durch Automatismen leben, um den Gedanken zu genießen, zu wissen, was kommt.

Ich sitze ihr dabei meist am Tisch gegenüber, wir sind beim zweiten Getränk, nie beim ersten, denn während diesem wirkt noch die Zigarette des Wartens auf Emilia nach, die verlässlich zu spät kommt und mir dafür ein wenig Zeit für mich lässt. Immer genug Zeit zum Ankommen, auf das Handydisplay schauen, Tabak in das Blättchen streuen, drehen, anzünden, meistens sogar fertig aufrauchen. Dabei bin ich noch ruhig, ja, eigentlich sogar glücklich. Glücklich genug, um mich trotz all der unerklärlichen Aufregung im Laufe der letzten Abende immer wieder auf Emilia einzulassen.

Die erste Zigarette, das erste Getränk hat uns noch nie Probleme geschaffen.

Wir sitzen zusammen, immer nur zu zweit, nie unter anderen Leuten, und unterhalten uns gut. Unverfängliches Plaudern, wir mögen uns wirklich, während der ersten Zigarette, dem ersten Getränk. Dann, später, beim zweiten, der sterbende Seemann, während ich mir eine Zigarette an der Kerze anzünde, und plötzlich wird alles anders.

Sie meint es nicht böse, meistens schmeißt sie auch nur diesen einen Satz in den Raum, ohne eine Reaktion darauf zu erwarten, doch es reicht, um mich zu verstimmen. Es ist eine innere Konditionierung, ein Schlagwort zum Umsturz.

Sie hat ihren Satz und ich habe meine Reaktion. Beim zweiten Getränk, der zweiten Zigarette des Abends, wird immer alles anders. Auch heute weiß ich bereits, was passieren wird, noch bevor ich mir die Kippe anzünde.

Ich weiß nicht, was mich an dieser Bemerkung stört. Sie ist charmant gemeint, ohne böse Absicht, eine leere Phrase zwar, doch wie könnte man sich an so etwas aufhängen? Menschen, die diese kleine Geschichte noch nicht kennen, würden sich darüber freuen, es ist wahrscheinlich sogar eine spannende Erzählung im Rahmen all jenes Wissens, mit dem man sich zwar nicht klüger, aber irgendwie bereichert fühlt. Doch solche Menschen sitzen nicht neben Emilia, wenn sie davon spricht, immer nur ich und unser zweites Getränk.

Ich dachte, ich würde mich vielleicht wohler fühlen, wenn ich nachlesen würde, ob es stimmt, was Emilia immer erzählt, weil ich sie dann für gewitzt, für klug und unterhaltsam halten würde, wenn sie von ihren Seemännern spricht, doch dem ist nicht so. Ich reagiere weiterhin übertrieben entrüstet, noch bevor ich mich tatsächlich zur Kerze vorbeuge. Vielleicht war die Frage nach dem Wahrheitsgehalt dieser Geschichte auch nichts anderes als eine Ausrede, um mir einen Grund zu liefern, warum ich mich innerlich jedes Mal ärgere, wenn sie damit anfängt. Eine Farce zum Verdecken einer möglichen Auseinandersetzung mit etwas viel Größerem. Ich suche mir profane Gründe, denn spreche ich die möglicherweise wahren Probleme an, betreten sie unübersehbar den Raum und werden Wirklichkeit.

Zigarette, Kerze, „Jetzt hast du einen Seemann getötet“, und ich merke, wie der Satz mich einmal mehr wie eine Ohrfeige erwischt.

Heute ist es schlimmer als bisher.

Ich atme tief aus und blase schnaubend den Rauch aus meinem Gesicht. Jetzt ist der Moment, in dem sie weiter ausholt, erklärt, was sie damit meint. Vom Fischen der Seemänner im Sommer, Streichhölzerverkaufen im Winter, weil die See zufror, von Unterstützung durch die Bevölkerung in den kalten Monaten, damit sie diese im Frühjahr wieder ernähren konnten.

Doch ich möchte nicht, dass sie schon wieder davon spricht.

„Ich finde es absurd, dass man für den Tod der Seemänner verantwortlich gemacht wird, weil man im Winter nicht ihre Streichhölzer kauft."

Ich beuge mich in meinem Stuhl zurück, ich habe den Arm über die Lehne gelegt, positioniere mich viel zu cool, viel zu aggressiv, um daraus noch ein konstruktives Gespräch werden zu lassen.

Ich habe das große Bedürfnis, Wut abzuladen, von der ich noch nicht einmal weiß, woher sie kommt.

„Ach ja?", fragt Emilia.

Sie blinzelt verunsichert, sie hatte ihren Satz, ihr fehlt nun die bekannte Reaktion. Sie hat zu oft ihre Geschichte erzählt, ohne dass ich sie hinterfragt habe, als dass sie nun nicht verwundert sein könnte. Nie habe ich etwas zu den Seemännern und ihren Streichhölzern im Winter gesagt, nie ihre Geschichte angezweifelt oder sie darauf aufmerksam gemacht, dass ich sie schon kannte. Ich weiß, dass ihr die Situation unangenehm ist, weil sie weiß, wie auffällig es ist, dass nach ihrem Satz meine Reaktion fehlt. Die Wiederholung der Dinge wird durch den Ausbruch aus diesen klar.

„Warum sollte ich Verantwortung übernehmen für jemanden, den ich nicht kenne und dann auch noch zur Rechenschaft gezogen werde, wenn mir das zu viel wird?“

Emilia hat ihre Geschichte zu oft erzählt, um Zeit zum Nachdenken zu brauchen.

„Weil man ein wenig Unterstützung erwarten kann, wenn es ums Überleben geht. Rückhalt braucht doch jeder. Wer sich weigert, selbst so eine kleine Hilfe anzubieten, macht sich mitschuldig, wenn jemand stirbt.“

„Diese Idee von Mitschuld entsteht doch nur aus der Tatsache, dass man das Ende hätte verhindern können. Töten tut man damit niemanden, wie du es sagst.“

Emilia reagiert entrüstet.

„Aber das ist wie unterlassene Hilfeleistung. Ob du jetzt selbst Hand anlegst oder einfach die Mittel zurückhältst, jemanden am Leben zu halten, macht doch keinen Unterschied. Am Ende stirbt jemand und alles Weitere ist nur der Versuch, sich das eigene Gewissen rein zu halten.“

„Und was, wenn ich keine Streichhölzer brauche?“

„Dann brauchst du wann anders ihren Fisch.“

„Ich esse keinen Fisch.“

„Idiot.“

Sie spielt an der Kerze, taucht ihre Fingerkuppen ins Wachs und lässt es verhärten.

„Außerdem ist es nur eine blöde Geschichte.“

„... die du jedes Mal erzählst.“

„Bitte?“

Emilias Seemänner drängen in den Hintergrund. Sie hatte ihre Geschichte, ich hatte eine andere Reaktion und plötzlich betritt ein Problem den Raum und wird Wirklichkeit. Ich spüre, wie die Stimmung kippt und zum ersten Mal leide nicht nur ich unter dem Satz des zweiten Getränks, der zweiten Zigarette.

Ich möchte Emilia nichts Böses, aber ich habe das Bedürfnis, meine Anspannung nicht mehr in mir zu behalten. Ich habe mich so oft unwohl damit gefühlt, jetzt möchte ich, dass sie davon erfährt. Fisch und Streichhölzer.

„Jedes Mal, wenn ich mir eine Zigarette an der Kerze anzünde, fängst du wieder mit derselben Geschichte an. Immer wieder deine Seemänner und ihre Geschichte vom Tod im Winter. Was soll denn das? Es ist immer wieder dieselbe Leier."

Ich drücke die Zigarette in den Aschenbecher. Es klingt gemeiner, als es sollte. Ich habe das Gefühl, mein Unmut verlässt meinen Körper und erfüllt mit dem ausgesprochenen Problem den Raum zwischen uns. Schwere Seeluft, darin schwebende Rauchpartikel wie Meeresgischt.

„Ich meine es ja nicht böse", erklärt Emilia, „ich dachte, du magst die Geschichte. Du hast nie gesagt, dass sie dich stört."

„Habe ich jemals gesagt, dass sie mich nicht stört?"

„Jetzt wirst du albern."

Emilia spielt an ihren Fingerkuppen, pfriemelt Wachsstückchen von ihrer Haut.

„Ich finde die Geschichte ja schön, beim ersten Mal fand ich sie wirklich spannend, auch beim zweiten, ja, dritten, vierten Mal habe ich sie gerne angehört. Aber warum erzählst du sie immer wieder?"

„Es ist doch nur eine blöde Geschichte, wenn du möchtest, lasse ich es."

Emilia ist ernsthaft versucht, die Situation vor einer Eskalation zu bewahren. Sie lächelt mich an, legt den Kopf schief. An ihrer Stimme merke ich, dass sie wütend ist, sie denkt, ich übertreibe und ist verletzt über meine heftige Reaktion.

„Es geht doch gar nicht um die Seemänner."

„Sondern?“

„Ach, keine Ahnung.“

Ich falle wieder zurück in den Stuhl und greife nach meinem Glas. Beim ersten Getränk haben wir nie Probleme, immer beim zweiten, nie beim ersten, und mit der zweiten Zigarette und der Kerze und Emilias Geschichte kommt die Unzufriedenheit.

Es ist nicht fair, die Seemänner dafür verantwortlich zu machen, doch ich habe genug davon, mir deren verfluchte Streichhölzer kaufen zu sollen, nur um mein Gewissen zu beruhigen.

„Ich habe das Gefühl, du erzählst diese Geschichte mit Absicht, nur um mich zu nerven.“

„Was?“

„Es ist immer wieder das Gleiche, immer wenn ich mir eine Zigarette an der Kerze anzünde, kommt diese Geschichte von den toten Seemännern.“

„Dann zünde dir halt deine scheiß Kippe nicht an der Kerze an.“

„Darum geht es doch gar nicht.“

„Oh Mann!“

Emilia schließt die Augen, atmet tief durch. Sie zittert, ich sehe, wie genervt sie von mir ist. Das gesamte Gespräch ist ihr zu absurd, um es ernst nehmen zu wollen, aber zu persönlich, um es nicht zu tun.

Ich schaue sie an und möchte nicht mehr.

Ich möchte nicht bei jeder Zigarette, die ich an einer Kerze entzünde, an den Tod von Seemännern denken müssen. Ich möchte nicht glauben, sie mache sich über mich lustig, wenn sie mir immer wieder dieselben Geschichten erzählt. Ich möchte nicht, dass ich mich wegen so etwas Albernem genervt fühle. Möchte nicht, dass sie mir von denselben Dingen erzählt wie alle anderen auch. Ich möchte nicht von ihr unterhaltsam gemeinte Vorwürfe hören, mit denen ich mich trotzdem böse fühle. Ich möchte nicht, dass wir in unserem Rhythmus bleiben wie bisher. Ich möchte, dass sich zwischen uns etwas ändert, dass es endlich anders wird.

Ich möchte nicht mehr, dass ich weiß, was zwischen uns passiert.

Emilia schüttelt den Kopf, öffnet die Augen und schnippt mir die Wachsreste ihrer Fingerkuppen entgegen.

„Du bist ein Idiot."

Sie hat Recht. Und Idioten wissen sich nach einer langen Zeit der ewigen Wiederholung nicht mehr zu helfen. Ich habe den richtigen Moment in der Vergangenheit verpasst und reagiere nun vielleicht hilflos heftig, damit sich etwas verändert.

Ich habe nachgelesen, was es mit ihrer Seemannsgeschichte auf sich hat. Es stimmt, was sie mir da jedes Mal erzählt, die Legende vom Broterwerb im Winter durch den Streichholzverkauf und so weiter.

Doch ich habe auch etwas Neues erfahren. Eine Geschichte, die ich bisher noch nicht kannte. Die Leuchttürme wurden in der Vergangenheit durch kleine Kerzen betrieben, deren Schein durch Spiegelkonstruktionen vergrößert und gebündelt wurde, um schließlich den Seemännern auf dem Meer in der gefährlichen Brandung der Küstennähe den sicheren Weg anzuzeigen.

Dem Wärter, der dafür Sorge tragen musste, dass die Flamme der Kerze nicht erlosch, wurde jedoch auch zugesprochen, dass er seine Zigaretten an eben jener Lichtquelle entzündete. In der Zeit, in der er sich über die Kerze beugte, um den Tabak zu entzünden, verdeckte er ihr Licht und der Schein des Leuchtturms verschwand für einige Augenblicke, lang genug, um in der Nacht für ein Schiffsunglück verantwortlich zu sein. Zigarette, Kerze und jemand muss sterben.

Diese Geschichte klingt noch absurder, noch weiter hergeholt als die, die Emilia immer wieder erzählt, doch ich habe mich über sie gefreut.

Denn sie ist neu.

Sie ist verantwortlich für eine andere Reaktion, als erwartet. Sie durchbricht den Automatismus des zweiten Getränks, der zweiten Zigarette, die mir zu einem immer größeren Problem wurden.

Ich habe wieder einen Seemann auf dem Gewissen, doch endlich hat sich etwas verändert.

SCHARADEN

Hallo?“

„Hallo.“

„Hörst du mich?“

„Ja.“

„Hallo?“

„Ja, Hallo.“

„Hi.“

Herta lächelt in die Kamera, winkt hinein. Ihr verpixeltes Bild hinkt ein bisschen ihrer Stimme nach, ihre Verbindung muss schlecht sein. Ich freue mich darüber, dass Skypegespräche auf der ganzen Welt wohl mit den selben Schwierigkeiten starten, wie es bei uns der Fall ist.

Kommunikation ist immer wieder ein Problem zwischen uns, so ein Umstand wie gerade verschafft mir ein albernes Gefühl von Relativierung desselben.

„Wie geht es dir?“, fragt Herta. Sie trägt ihr rotes Kleid, wie auch schon beim letzten Mal. Ihr Blick ist gesenkt, sie schaut auf den Bildschirm, genau wie ich. Wir müssen uns entscheiden, ob wir in die Kamera blicken oder auf das Videofenster.

Wir werden uns hier nie gleichzeitig in die Augen sehen können, obwohl wir beide so viel Wert drauf legen, weil es wichtig ist, sich anzusehen, wenn man sich nah sein möchte.

„Passt schon“, sage ich, denn es ist einfacher zu sagen, als 10.000 Lux zu erklären, allmorgendliche Abläufe zu erklären, zu erklären, was passiert, seit sie unterwegs ist.

„Wie ist es in Lissabon?“

Sie lacht, hebt ein Rotweinglas, prostet in die

Webcam. Am Glasrand klebt ihr Lippenstift und ich vermisse ihre Farbe an meinem Glas oder meinem Zigarettenfilter oder meinen Mundwinkeln.

„Es ist sogar schöner als Barcelona. Kolja und ich haben eine gute Zeit, wir sind gerade bei Freunden, die wir in Marseille kennengelernt haben, die haben eine abgefahrene Dachterrasse. Schau mal."

Sie schwenkt ihren Laptop einmal um sich herum und ich erkenne nicht viel, farbige Schlieren, viel Himmelblau, einen Anriss ihres Gesichts, als sie versucht, sich und etwas, das nach einer Stadt von oben aussieht, im Bild festzuhalten. Ich höre Gesprächsfetzen, da sind kurz Anrisse von Leuten.

„Das sieht großartig aus", sage ich.

„Ist es auch", sagt sie.

„Freut mich, dass ihr eine gute Zeit habt."

„Ja, Kolja hat das wirklich toll organisiert."

Ein Freund von ihr, ich kenne ihn und ich mag ihn gern. Er ist ein großartiger Mann, wenn man mit ihm Zeit verbringt, fühlt man sich begeistert, durch ihn bereichert, ich glaube, obwohl er durch sie mit in mein Leben getreten ist, kann ich ihn inzwischen auch als einen Freund von mir bezeichnen. Ich möchte es nicht, aber ich ertappe mich gerade dabei, eifersüchtig auf ihn zu sein, obwohl es bestimmt keinen amourösen Grund dazu gibt. Aber sie ist dort an diesem schönen Ort und er auch und ich wünsche mir, ich könnte dabei sein.

„Ja, wirklich schön."

Ich versuche ein Lächeln in die Kamera, sie sitzt wieder, ich zünde mir eine Zigarette an.

„Du rauchst wieder?", fragt sie.

Ich zucke mit den Schultern.

„Alles gut bei dir?", fragt sie.

„Ja", sage ich, denn es einfacher zu sagen, als *Citalopram* zu erklären, *Spiegelbildung* über vier Wochen zu erklären, zu erklären, was sich in mir ansammelt, seit sie von hier weg ist.

„Du wirkst so weit entfernt."

„Bin ich auch."

„Ich meine jetzt mit deinem Kopf."

„Ja, ich auch."

Auch das möchte ich nicht, dieses Gefühl von Zickigkeit, das ich wohl nicht verbergen kann. Ich habe mich wirklich gefreut, von ihr zu hören, aber seit unserem letzten Gespräch zum Abschied bin ich unsicher geworden mit ihr und das macht mich ein wenig komisch in unserem Umgang miteinander.

„Schön, dich zu sehen", sage ich, deine Anwesenheit freut mich, heißt es, melde dich öfter, heißt es, du vernachlässigst mich, heißt es, ich bin einsam, heißt es.

Sie antwortet nicht, denn das Lächeln gerade, das ist keine Antwort, das legt sie nie ab, das hat sie immer.

Herta lächelt und sie trägt ihr rotes Kleid.

Kolja läuft an der Kamera vorbei, grüßt nur kurz.

„Schön, dich zu sehen, Kolja", sage ich, ich will dich nicht sehen, heißt es, erinnere mich nicht ständig daran, dass Herta hier weg ist, heißt es, du bist schuldlos für meine Eifersüchte im Traurigen verantwortlich, heißt es, ich bin einsam, heißt es.

Er ist derjenige, der mit ihr auf Reisen ist, mit ihr die Welt sieht, er ist derjenige, der mit Herta für ihr andauerndes Lächeln verantwortlich ist, das keine Antwort mehr auf meine Komplimente bildet. Er ist derjenige, der ihr bei einem kurzen Blick in die Kamera über die Schulter streift und ich bin derjenige, der sich nicht entscheiden kann, ob er Hertas verpixeltes Bild sehen möchte oder in die Kamera schauen soll, um sich ihr näher zu fühlen.

„Bist du gerade beschäftigt, oder sind es unsere Worte, die da noch nachschwingen?“, fragt sie.

Zum Abschied hat sie gesagt, sie müsse einige Zeit für sich haben, gerade sei viel los ist bei ihr und sie wisse nicht, wie es weitergehen soll, mit ihr, mit uns. Sie wolle keine Brüche, sie wolle uns nicht auseinander bringen, sie habe nur das Gefühl, da wäre zu viel in ihr, was sie selbst nicht verstehe und damit müsse sie erst einmal klarkommen.

Das wäre schon okay, habe ich gesagt, ich kann doch eh nichts anderes darauf antworten, hieß es, wir werden uns mit diesen Worten verändern, hieß es, du tust mir weh, hieß es, das verletzt mich zu einem denkbar schlechten Zeitpunkt, hieß es.

Das ist schon okay, habe ich gesagt, obwohl es das nicht war, aber ich wollte ihre Bedürfnisse und ihre Sorgen respektieren, weil ich das wirklich gerne tun möchte, egal, ob das bedeutet, dass das mit dem, was dabei in mir vorgeht, übereinstimmt..

Was ich eigentlich sagen wollte, was seit einiger Zeit mit mir passiert, was für Sachen in meinem Kopf los sind, was ich dagegen tun muss, habe ich nicht gesagt. Ich war beim Arzt, wollte ich ihr sagen, bis bald, hat sie gesagt.

Ihre Reise sollte deshalb Anlass sein, ihre Worte sacken zu lassen. Wohl fühle sie sich damit nicht, aber sie wolle, dass wir uns mehr Raum geben. Kein Nicht-Kontakt, aber eine Möglichkeit, sich selbst zu ordnen.

Was auch immer das heißen mag, aber ich habe gesagt, das wäre schon okay.

Und jetzt skypen wir ab und an und sie trägt noch immer ihr rotes Kleid und mit mir passiert so schrecklich viel, wovon sie nicht weiß.

„Ich versuche mich in einer Art, die dich nicht belastet oder aufdringlich kommt. Ich glaube, das spielt sich noch ein", sage ich, weil es einfacher zu sagen ist, als zu erklären, dass ich nicht mit mir selbst klarkomme, als zu erklären, dass mich ihre Worte zu einem denkbar schlechten Zeitpunkt getroffen haben, zu erklären, dass sie damit auf ein zersprungenes Ich geschlagen hat.

Ich lächel jetzt auch und möchte am liebsten sagen, dass ich gerade von so vielen Dingen auseinandergerissen werde, dass ich ernsthafte Probleme habe, dass ich sie jetzt brauche, verstehe, dass sie weg müsse, aber es eigentlich doch nicht möchte, aber ich will sie noch weniger von mir wegtreiben, mit diesen Worten, die ihr ein Bedürfnis nach Nähe bekunden, von dem ich weiß, dass sie damit gerade nicht klarkommt.

„No worries, du bist keine Last", sagt sie und wirft mir eine Kusshand zu.

Ich wünschte, ich wüsste, dass sie das ernst meint oder zumindest, dass sie weiß, dass ich mich mehr darüber freue als über die reine Geste der Freundlichkeit.

Mehr kann sie mich gerade nicht berühren, wir können uns ja nicht einmal gleichzeitig in die Augen sehen.

„Wir schlafen heute Nacht am Strand, das Wetter hier ist ziemlich gut für Oktober. Das wird schön, mal rauszukommen, den Kopf frei zu kriegen, nach allem, was passiert ist", sagt sie.

Es ist mir unangenehm, wie sie immer wieder betont, wie verwirrt sie ist, wie ihr alles zu viel ist.

Ich fühle mich verantwortlich für ein Chaos, mit dem ich eigentlich nichts zu tun habe. Ich wünsche mir doch nur ihre Zuneigung und dass sie mir nicht immer sagt, wie schlimm das alles ist, denn das steht ohnehin hinter bezifferten Buchstaben meiner Krankenscheine.

„Das klingt gut. So richtig unterm Sternenhimmel und mit Meeresrauschen?"

„Ja, der volle Kitsch."

Ich möchte mich für all diese Dinge freuen, die sie erlebt, für die Sachen, die sie macht, für die Menschen, die ihr begegnen, für die Momente, die sie sich merkt, für die Gedanken, die dabei in ihr wachsen. Aber ich kann es nicht. Denn ich bin der, der dabei außen vor bleibt und ich möchte nicht derjenige sein, der ihr sagt, wie schade das ist, weil ich nicht derjenige sein möchte, den sie dabei nicht nur zurück-, sondern wegstellt.

Ich fühle mich einsam und sage ihr aus Angst, es könnte wirklich Realität werden, nicht die Wahrheit.

Hinter ihr laufen ein paar Menschen, ich kann sie im Pixelgewitter nicht erkennen, ich höre sowas wie Stimmen im Hintergrund oder sogar Lachen, ich verstehe es nicht.

Weil ich kein Portugiesisch kann, weil die Verbindung schlecht ist, weil ich nicht dabei bin bei dem, was um sie herum passiert.

„Kein Problem, ich muss auch weiter", sage ich.

„Wir hören voneinander, ja? Halt den Kopf oben", sagt sie und winkt in die Kamera.

„Bis bald", sage ich und winke zurück.

„Beijinho!"

Dann ertönt ein bekanntes Geräusch und das Bild ist weg und sie ist in Portugal und ich hier.

Der angerufene Teilnehmer antwortet nicht.

CELESTE

Liebe ich sie?

Sie ist eines der schönsten Mädchen, die ich je gesehen habe und sie liegt in meinen Armen, meinen hageren Armen, die nicht stark genug wären, um sie auch dann noch zu halten, wenn sie es nicht mehr möchte. Sie ist da, wie der Sommer, und ich habe keine Angst vor dem, was vor uns liegt, auch wenn es aus der Erfahrung unserer Vergangenheiten allen Grund dazu gäbe.

Die Narben, die wir uns bis hierher eingeholt haben, verdeckt die sonnengebräunte Haut, und die, die wir uns irgendwann aneinander einholen könnten, können wir im Moment noch nicht sehen.

Wir sind versteckt in unserer Seifenblase, der Umsetzung unserer Idealvorstellung von Glück und von dem, was wir uns zu zweit versprechen.

Ich werde kitschig mit ihr und mit mir auch meine Worte und mein Fühlen.

Wir sind unverhältnismäßig großzügig in unserem Schwärmen miteinander, wir sind naiv in unserem Verständnis von Romantik und nichts weniger möchten wir. Wir haben uns abgenabelt vom Geschehen, wir schaffen uns unsere eigenen Muster, in denen wir zu Funktionieren lernen.

Wir überbewerten die Realität mit unserer Suche und Sucht nach Ästhetik. Eine Sprache aus Metaphern in einem Alltag aus Kunst .

Wir sprechen in Farben und denken wie Füchse.

Wir werden nicht verstanden. Uns zu folgen ist nicht möglich. Wir sind umgesiedelte Waldtiere, die sich in ihrer Suche nach Geborgenheit mit dem einsamen Konzept der Großstadt arrangiert haben, im Nischenleben ihre Existenz begründen und im Grau des Straßenlebens ihre Zungen an pathetischer Schönfärberei probieren.

In nicht weniger als unserer Vorstellung vom Besten möchten wir leben.

Die Sonne scheint mit ihrer unermüdlichen Sicherheit und wir bieten ihr an diesem Nachmittag im Park Paroli.

Das Treiben hat sich zur Ruhe gelegt und das Leben ist auf seine guten Seiten reduziert. Wir könnten an der Adria liegen oder in einem Dörfchen in Andalusien und es würde auch keinen Unterschied machen.

Sie ist Celeste. Sie ist das Himmelblau ohne Ortsgebundenheit. Sie ist eines der schönsten Mädchen, das ich je gesehen habe, sie liegt in den hageren Armen meines knabenhaften Körpers und schaut trotzdem nicht einmal auf, als die braungebrannten Männer in ihren obszönen Erscheinungen vorüberziehen. Sogar ich blicke auf und bekomme Gedanken, es wirkt so vulgär, doch sie bleibt in meinen hageren Armen und liegt ruhig wie erfüllt.

Ich kann nicht begreifen, was sie an mir hält, doch ich verbleibe gern in genau jener kindlichen Hingabe, jener Begeisterung, die allein sie begründet. Wie wir so auf der Wiese wie ewig während im Gras liegen, genieße ich sogar das Kribbeln der Ameisen, die uns über unsere Wangen laufen, denn es könnte auch der Wimpernschlag ihrer müden Augen sein, in deren Blicken ich mich bade.

Es ist ein Hauchen, wenn sie spricht, die kaum erfrischende Brise des Sommers über meinem Körper tut nicht halb so wohl wie sie.

Ihr hübsches Gesicht hat sie an meiner Schulter verborgen, während meine Hand auf ihrer Seite ruht und keine Bewegung durch unsere Körper fließt. Sollte uns jemand sehen, wie malerisch müssen wir aussehen. Ich möchte uns in Pastellfarben festhalten, die so gut zu ihren himmelblauen Farben passen. In Marmor schlagen, uns in Gold gießen, sie in mein Verständnis von Unendlichkeit fassen, damit sie nicht verloren geht, wenn sie nicht mehr hier liegt.

Der Himmel ist wolkenlos, die Gedanken inhaltslos.

Wenn man genau hinhört, kann man das Knistern der Grashalme hören, wie sie sich langsam dort wieder aufrichten, wo wir sie niedergedrückt haben.

Feine Schweißperlen bilden sich auf meinem Körper und benetzen den Stoff des Hemdes, das sie mir geschenkt hat.

Es ist ein schönes Hemd. Es ist eine schöne Farbe.

Weiß, Blau, ein dezenter Zwischenton, der nur auffällt, wenn man sich auf ihn einlässt. Es ist ihr Himmelblau, das ich an mir trage.

Wie lange habe ich nicht mehr diese hübschen Schultergurte gesehen, die dem ganzen Kleidungsstück einen Eindruck von militärischer Finesse verleihen, aber nichtsdestotrotz von Anmut zeugen und nicht zu aufdringlich wirken. Sie verpasst mir Form, sie verleiht mir eine Haltung.

Einen höheren Zweck, den ich vor niemandem zu erklären imstande oder gewillt wäre.

Dazu Brusttaschen. Und Manschettenknöpfe, wunderschöne Messingkreise mit meinen eingravierten Initialen zieren das Handgelenk.

Sollte noch ein Mensch auf dieser Welt leben und uns so mitten im Stadtpark liegen sehen, wird er sich fragen, wie ich bei diesen Temperaturen die Ärmel nicht nach oben rollen kann. Doch wüsste er, wie schön diese Knöpfe sind, die sie auswählte, die sie mir, mir alleine schenkte, würde auch er verstehen.

Es tut so gut, zu wissen, dass sie sich freut, weil ich mich freue. Lächeln, einfach nur lächeln und fühlen, wie das zarte Gewicht ihrer Handfläche mich meinen Herzschlag spüren lässt. Der Puls ist ruhig und selbst wenn ich wollte, könnte ich ihn nicht zählen.

Denn der Himmel ist wolkenlos, die Gedanken inhaltslos.

Wofür brauche ich einen Puls, wenn ich sie habe?

Es ist unser erster Sommer und es ist der schönste von allen.

Ich ertrinke in ihrer Farbe.

MARTHA IST KALT

Ich kann nicht einschlafen, wenn jemand fremdes neben mir liegt, aber ich möchte heute Nacht auch nicht alleine sein", sagt sie und ich sage „ja" und weiß, was es für mich heißt, dass ich nicht Kai bin.

Es ist kalt, es ist November und auf den ersten Tag des Monats kommen auch die Nebel und schmiegen sich wie Frost an die Augen. Die nasse Kälte legt sich von außen auf die Fenster und von innen beschlägt unser warmer Atem das Glas, bildet Reif. Ein wässriger Schutzfilm zieht sich über die Scheibe und tropft in unregelmäßigen Abständen auf das Bettlaken darunter.

Es sieht aus, als hätte jemand geweint, als ein Tropfen abperlt und auf dem gespannten Stoff zwischen uns zerspringt.

Martha schaut auf mich und ich schaue auf das Deckenfenster.

Wir spiegeln uns, ich erkenne zwei Menschen im Kondensat wie unter Wasser.

Ich sehe, dass sie mich ansieht, dass sie im Schneidersitz vor mir auf der Matratze sitzt, die Hände gefaltet, in meine gelegt, dass sie ihren Blick auf mir hält, ihn wechselt, zwischen Traurigkeit und Bitte.

Ich übe mich im Lächeln, damit sie ein gutes Gefühl bekommt, und sie küsst mich noch einmal auf den Hals und legt ihren Kopf an meiner Schulter ab.

Sie hat mich mal wieder mit zu sich nach Hause genommen, mal wieder wurde es spät und der Abstand zwischen uns geringer. Wir tranken Wein und ich wusste, woran sie der Geschmack des Chardonnay erinnerte, als sie genüsslich lächelnd ansetzte, noch bevor sie mir von ihrer Zeit mit Kai zu erzählen begann.

Wir sprachen wie immer über nichts Banales und formulierten Sätze so groß, dass sie konstruiert wie aus Dramen klangen. Sie stellte mir ein paar Fragen über meine Art zu fühlen, sie erzählte mir von ihrer Vergangenheit, ich machte vorsichtige Komplimente an Stellen, an denen ich wusste, dass sie traurig wird und sie versuchte sich in zaghafter Koketterie, wo sie Dank für angebracht hielt.

Wir verpassten den Zeitpunkt, an dem wir bemerkten, dass wir angefangen hatten, uns zu streicheln.

Während wir uns von unseren Sehnsüchten erzählten, wollten wir die Distanz zwischen uns von der Haut kratzen. In dem Moment, in dem wir beide so traurig und so sehnsüchtig wurden, dass wir uns im Arm hielten, um dem Verständnis für unsere Gedanken auch körperlich nachzueilen, küssten wir uns.

Die letzte Stunde haben wir damit verbracht, alte gedankliche Blockaden vorsichtig abzubauen, zaghaft neue Körper zu befühlen, ungewohnte Bewegungen zu zweit auszuprobieren.

„Ich werde nicht mit dir schlafen", meinte sie, nachdem sie mir den Pullover über den Kopf gezogen hatte, und ich meinte: „Ich weiß", weil sie es nie tat.

Während unsere Hände über unsere Rücken strichen, war es, als suchten sie nach Halt in der kühlen Haut des Anderen.

Wir hielten uns, als wollten wir zueinander durchdringen bis aufs Blut, weil es im Blut warm ist, weil wir so gerne zärtlich miteinander umgehen wollten, auch im November, aber es einfach nicht konnten in der Ungeübtheit unserer taub gefrorenen Hände, die so lange keinen warmen Körper mehr berührt hatten.

„Küssen sollst du mich trotzdem", forderte sie und wir küssten uns und berührten uns und streichelten uns.

Sie trug ein schwarzes Kleid und ich sagte ihr: „Du siehst hübsch aus in deinem schwarzen Kleid", und sie antwortete mir: „Es hat weiße Streifen."

Sie zog es sich über den Kopf aus und rieb ihre Brust an meiner.

Wir berührten uns zwischen den Beinen, bis wir unsere Erregung spüren konnten und stöhnten uns leise ins Ohr.

Sie hatte die Augen geschlossen, das konnte ich sehen, sie hielt mich, als könnte ich verloren gehen.

Ohne dass einer von uns gekommen ist, ohne einen Grund oder eine Ankündigung, hörte sie auf, mich weiter im Schritt zu berühren.

Sie setzte sich vor mich und griff nach meinen Händen.

„Ich kann nicht einschlafen, wenn jemand fremdes neben mir liegt, aber ich möchte heute Nacht auch nicht alleine sein", sagte sie und ich sagte „ja" und ich war nicht Kai.

Ich weiß, Kai ist seit zwei Jahren weg, aber ich weiß auch, dass Martha es nicht so sieht.

Sie hängt noch immer an ihm, obwohl sie sagt, dass ihr klar ist, dass der Gedanken an ihn ihr nicht gut tut.

So, wie sie sich damals daran gewöhnt hat, ihn zu lieben, während er bei ihr war, hat sie sich nun daran gewöhnt, ihn zu vermissen, seit er weg ist.

„Ich trage ihn noch immer in mir, es tut mir leid", höre ich sie nicht zum ersten Mal sagen und ihre Bewegungen stimmen damit überein. Sie hat ihre Hand in meinem Haar vergraben, drückt ihre Nase an meinen Hals und atmet mich ein.

Ihre Hände zittern wie immer, ich habe gelernt, es auszuhalten. Ich kann sie nicht trösten, ich kann ihr nicht diese unklare Angst nehmen, die in ihr steckt und sie hemmt, ich kann nur hier sitzen und sie ertragen, bis es mir vielleicht einmal zu viel wird oder ihr mein Verständnis nicht mehr reicht.

Dass ich bleibe und nicht fliehe ist der Ausdruck meiner Zuneigung zu ihr geworden, mein Beitrag zu ihrer Auseinandersetzung mit ihren Narben.

Es tut mir weh, aber in diesem Kampf geht es um sie und nicht um mich. Wäre sie befreit, wüsste ich, dass ich ihren Blick aushalten könnte, dass ich nicht immer wegschauen würde, weil ich merkte, dass es ihr unwohl würde.

Sie würde sehen können, was ich in ihr sehe, wäre ihr Blick frei, doch er ist es nicht und ich kann den schwierigen Zeitpunkt ihres Lebens nicht ändern, an dem ich sie kennengelernt habe.

Ich weiß, Marthas Umarmung, mit der sie sich an mir wärmt, gilt mir, aber ihre Kälte, die sie dadurch verlieren möchte, kommt aus einer Vergangenheit, auf die ich keinen Einfluss habe.

Es schmerzt, weil ich es weiß, aber ich denke nicht daran, wenn sie vor mir sitzt, weil sie mir meinen Schmerz damit genauso nimmt wie ich den ihren.

„Lass uns hinlegen“, sagt sie und steht von ihrem Bett auf und zieht mich an der Hand durch ihre Wohnung. „Aber zuerst duschen wir.“

„Es ist kalt bei dir“, sage ich im Bad, während wir uns auf nackten Füßen gegenüberstehen.

„Wenn ich alleine bin, ist die Heizung angedreht, dann merke ich nicht, dass es kalt ist", antwortet sie. „Nur wenn du bei mir bist, stelle ich sie aus."

„Ist das nicht albern?", frage ich sie und sie lächelt, wie sie es nur dann tut, wenn sie sich in ihren Eigenarten ertappt fühlt, und sie sagt: „Nein, ein Grund, aufeinander zuzugehen", und ich sehe, wie sie mich in der Reflexion der Badezimmerkacheln in die Arme schließt.

Sie umarmt nicht mich, sie umarmt irgendeinen Mann. Tröpfchen hängen in den Fugen.

„Du hast heute schon geduscht", sage ich zu Martha.

„Aber wir haben uns noch nicht gewaschen", sagt Martha zu mir.

Ich hebe ihr das Top über den Kopf und sie hilft mir, indem sie aus ihrer Strumpfhose steigt, als ich diese herunterziehe. Sie streift mir das T-Shirt vom Oberkörper und versucht meinen Gürtel zu öffnen, doch es klappt erst, als ich ihr dabei helfe. Ich öffne ihren BH und sie zieht sich den Slip aus, während ich meine Boxershorts an mir hinuntergleiten lasse. Sorgfältig ordnen wir die Stoffe, legen unsere Kleidung zusammen, stapeln sie nebeneinander am Rand der Badewanne, zuerst die Oberbekleidung, dann unsere Hosen, ganz oben liegt unsere Unterwäsche, gefaltet, glatt gestrichen, wie frisch herausgelegt.

Wir steigen in die Wanne und es fröstelt uns, als Martha das Wasser anstellt. Ihre Brustwarzen richten sich auf, eine Gänsehaut ziert ihren nackten Körper, kalte Strahlen tropfen gegen ihre Haut. Vorsichtig gießt sie sich erst die Beine ab, fährt über ihre Schenkel, befeuchtet dann ihren Oberkörper und schließlich ihr Haupt.

Ich zucke zusammen, wenn mich frostige Spritzer erreichen, ich friere.

Sie sieht mich an, sie hat sich ein zartes Wasserkleid übergezogen und reicht mir den Duschkopf.

„Es ist kalt“, sage ich, als ich meine Arme in die Strahlen halte, und sie sagt: „Gar nicht wahr, es ist dir nur nicht warm genug.“

Das Wasser ist unangenehm, es hat eine Kälte angenommen, die schon wieder brennt.

Der Hahn ist im tiefblauen Bereich voll aufgedreht, das Aluminium beschlägt unter dem frostigen Strom und meine Hand zittert, während ich den Duschkopf weiter auf mich richte.

Martha kommt näher, ihr Körper berührt meinen Körper, als unsere Schatten an der Wand verschmelzen, sagt sie nichts, starrt nur runter in die Wanne, in der das Wasser steigt. Sie hat die Hände zu einer Schale geformt, fängt Wasser auf, das an meinem Körper abperlt und lässt es erst mir, dann sich selbst über den Kopf laufen. Katharsis.

Wir stehen in eisigen Fluten. Unsere Haut färbt sich rot und grenzt sich scharf ab an der Stelle, an der unsere Beine aus dem Wasser ragen.

Kalte Füße tragen unsere Körper. Ich lasse den Duschkopf sinken und er rutscht ins Wasser, Martha tropft mir Duschgel in die Handflächen und gießt auch sich etwas in die Handgrube.

Mit gleichmäßigen Bewegungen schäumt sie meinen Körper ein, verteilt die Seife über meinem Brustkorb und reibt sie über meine Gliedmaßen. Sie reibt so lange ihre Handfläche an meiner, bis wir unsere von der Kälte taub gewordenen Finger wieder spüren.

Auch ich umfahre ihren Körper, seife sie an den Armen und Beinen ein, umfahre ihre Brust und ihren Hals, fahre ihr in die Achseln und wasche ihre Kniekehlen.

Im Gesicht hält sie meine Hand und nimmt sie zwischen die Zähne, spült sich ihren Mund mit Seifenwasser aus und drückt mir ihre Lippen auf meine, um auch mir den Schaum in den Mund zu spucken.

Wir reinigen uns von innen heraus an Stellen, an die wir alleine so schlecht kommen.

Als ich an ihrer Seite hinunterfahre, greift sie nach meiner Hand und sagt: „Das mache ich alleine“ und wäscht sich zwischen den Beinen.

Wir sehen, wie der Schaum in die Wanne tropft, während ihre Finger zwischen ihren Schamlippen kreisen und ich durch gleichmäßiges Vor- und Zurückschieben meiner Vorhaut mein Glied reinige.

„Jetzt können wir ins Bett“, sagt Martha und zieht mich aus dem Bad. Ohne uns abzuspülen legt sie mich auf ihre Matratze. Sie setzt sich auf mich, hält inne, greift zur Seite. Sie zieht ein kleines Flakon aus der Schublade ihres Nachttischchens und schaut das Fläschchen an.

Ein Männerduft, es muss Kais sein.

„Ich fürchte mich vor ihm, weil er ein Teil von mir war und weh tut, seit er fehlt. Und ich fürchte mich, dass dieser eine Schmerz für immer in mir bleibt.“

Ich muss sie mit ihrem Schmerz ertragen lernen. Sie drückt auf die Kappe des Fläschchens und ich werde vom Duft erschlagen. Kais Parfüm legt sich auf meine Haut und hüllt mich in einen Geruch, der nicht der meine ist.

Martha sprüht diesen Duft aus ihrer Vergangenheit über meinen Körper und küsst mich an den Stellen, an denen er sich an mir absetzt.

Sie vergräbt das Gesicht in ihren Händen.

„Mach, dass ich mich nicht mehr vor ihm fürchte“, sagt Martha.

Ich nehme ihre Hände und küsse ihre Innenflächen. Sie schmecken salzig, sie ist nervös, sie zittert und ich beiße ihr ins Handgelenk.

„Es tut weh", sagt sie, „ja", sage ich.

„Mehr als Kais Duft", sage ich, „ja", sagt sie.

In der verspiegelten Schranktür beobachte ich, wie sie sich an mir hinab lässt.

Ich sehe ihre nackten Schulterblätter, ihren Hinterkopf, unsere Haut, einen Teil meines Gesichts, an dem sich ihr Haarschopf langsam nach unten bewegt, bis sie sich in meinen Schoß beugt und mein Glied in den Mund nimmt.

Martha hat die Augen offen, sie sieht mich an und ich ertrage ihren Blick, der nicht aus meinem weicht.

Ich sehe Martha, sie sieht meinen Körper, mein Gesicht. Sie sieht mich an und erkennt mich.

Als ich komme, löst sie sich aus meinem Schoß. Sie spuckt meinen Samen in ihre Hand und drückt sie fest in die meine.

„Ich schaue dich an und ich habe keine Angst", sagt sie und legt sich auf meinen Brustkorb. Sie schließt die Augen, rollt sich zusammen, greift fester nach meiner Hand und ich lasse sie nicht los. Ich schaue sie an, wie sie auf mir liegt und versuche meine Atemzüge mit dem Heben und Senken ihres Brustkorbs zu synchronisieren.

Wir atmen gemeinsam ein, wir atmen gemeinsam aus. Wir sind nackt. Wir werden warm.

Es ist mir klar, von wem sie noch träumt, wenn sie unvorsichtig einschläft, doch ich ertrage es, solange sie dabei in meinen Armen liegt.

„Bleib", sagt sie und ich sage „ja".

Kais Duft hängt im Raum und sie schläft friedlich ein.

OH, LOLA

Ein Duft ist der flüchtige Atem eines Augenblicks. Einmal von ihm eingenommen, hat er die Kraft, sich in den freien Ritzen unseres Gedächtnisses einzunisten, sich dort auszubreiten und dort zu bleiben. Immer wieder aufzutauchen, ins Bewusstsein zu rücken, wenn er wieder wahrgenommen wird oder zumindest etwas, was ihm in Ähnlichkeit entspricht.

Wenn ich ihn rieche, diesen Duft, dann hüllt er mich ein, mit der Schwüle der Erinnerung, die mich herausreißt aus dem Geschehen, mich unmöglich macht im Funktionieren, mich vervollständigt und gleichermaßen mit Leere ausfüllt.

Oh, Lola.

Dieser Duft, ihr Duft, ist mein verhängnisvollstes Eigentum, denn ich werde ihn nicht los, er verfolgt mich, er klebt an allen Mädchen, wird in jedem Raum gefunden und schleicht sich in alle anderen Gerüche dieser Welt ein und mit ihm kommt die Erinnerung.

Die Erinnerung an sie, an damals, an die gemeinsame Zeit.

Wir hatten eine gemeinsame Zeit, sie hatte ihren Duft und ich habe sie so tief eingeatmet, bis sie und ich und ihr Duft eins wurden. Sie wuchs in meinen Körper ein und schuf mit ihrem Verlust Raum für die Leere. Ausgerechnet sie, die mich so ausfüllte, die noch immer in mir hängt, mich noch immer herausreißt aus dem Geschehen, mich unmöglich macht im Funktionieren.

Oh, Lola.

Noch immer hängt sie in der Luft längst von ihr verlassener Orte und versprüht den Betrug ihrer Anwesenheit. Ihr Duft besteht aus Molekülen, die sich im Feuchtfilm meiner Nasenschleimhaut verfangen. An den Zilien des Riechepithels öffnen sie Ionenkanäle und Salze strömen in die Sinneszellen ein, die auf Grund ihrer Eigenladung ein Aktionspotential erzeugen. Die Elektrizität wird fortgeleitet in der Riechbahn, die sich die Großhirnrinde hindurch verzweigt, ein Großteil landet im limbischen System, dem Ort der Verarbeitung von Erinnerung. Das Tor zwischen dem Geruchssystem und dem Limbus ist die Amygdala, der Mandelkern. Es ist eine ovale Struktur im Mittelhirn, der Sitz von Gefühlserkennung und des Erschaffens von Emotionalität.

Ihr Duft wird zu Chemie, wird zu Elektrizität, wird zu einem Gefühl, wird zu einer Erinnerung.

Oh, Lola.

Ihr Gefühl und ihre Erinnerung.

Ich trage sie noch immer in mir, sie hat sich in meiner Amygdala ausgebreitet, in meine Erinnerung zurückgezogen. Wenn ihr Duft mich streift, kommt alles wieder hoch, der Prozess der Verarbeitung, der Mandelkern, der Gedanke an ihre mandelförmigen Fingernägel, ihre mandelförmigen Augen, an den mandelförmigen Eingang ihrer Weiblichkeit.

Sie ist in mir zusammengeschrumpft auf die Größe einer Nuss. Der mandelförmige Tumor in meinem Gehirn.

Oh, Lola.

Der Geruch ist derjenige Sinneseindruck, der am stärksten mit dem Gefühl und der Erinnerung verbunden ist, und ihr Duft verfolgt mich, klebt an allen Mädchen.

Sie sind hübsch anzuschauen, in ihren zarten Körpern, der gekonnten Auswahl ihrer Kleidung, ihrem kultivierten Plaudern und ihren bewussten

Bewegungen. Sie sind leuchtend, sie sind formschön, eine jede voll an eigenen Qualitäten und Gründen, geliebt und verehrt zu werden. Ich verfalle ihnen allzu gern, denn ihre Hände sind warm und ihre Aufmerksamkeit zärtlich und gut.

Wenn ich sie sehe, sehe ich die schönsten Mädchen, sie erfüllen mich durchs bloße Ansehen, sie wecken in mir die Sehnsucht und an meiner Zungenspitze ordnen sich die Komplimente, um ihrer Größe gerecht zu werden.

Und doch, wenn ich mich vorbeuge, um ihnen den Hals zu küssen, ist es ihr Duft, der mir die Aufmerksamkeit nimmt, er klebt an diesen Mädchen und macht es mir unmöglich, sie zu lieben, immer nur die Erinnerung und das Gefühl des Mandelkerns, aber niemals diese Mädchen.

Oh, Lola.

Ich lasse mich einnehmen von der Aura, die diese Mädchen umgibt, zerfalle in der Wirkung ihrer Unausweichlichkeit in alte Muster und werde erschlagen von der Gefühlskaskade einer unwiederbringlichen Vergangenheit.

Mandelchemie, Mandelelektrizität, Mandelkern, Mandelfotze. Wenn ich mit diesen Mädchen schlafe, dann tue ich es nicht mit ihnen, sondern mit dem verfluchten Duft, der an ihnen klebt.

Diese wunderschönen Mädchen, ich möchte ihre Hände küssen und an ihren Lippen hängen, ihren, ihren ganz eigenen, statt am Trugbild einer Verschwundenen zu kleben, mich in ihrem Haar vergessen, mich ablegen auf der Großzügigkeit ihrer Brust.

Doch da ist dieser Geruch, den sie nicht loswerden, und mir bleibt nichts anderes übrig, als mich in die Vergangenheit zu ficken, ihnen das Gesicht zu verdecken, das nicht zum Rest gehört und mich der hinzugeben, die längst nicht mehr hier ist. Ich schlafe mit diesen Mädchen und sie ist wieder da.

Oh, Lola.

Wie wohl wird mir, wenn sie mich küsst.

Ihre Hände sind in ihrer langen Zeit der Abwesenheit ungeübt geworden, doch ich verzeihe ihr, solange sie an mir sind.

Meine Finger streifen über die vertraute Wärme ihrer Haut und halten sich an ihr fest. Sie bricht aus der Amygdala aus und verteilt sich, in den Erinnerungen meines Kopfes, den Gefühlen meiner Brust, dem Feuer in meinem Schoß, den Reaktionen meines Körpers.

Ihre freigeräumte Leere wird mit ihrer Anwesenheit aufgegossen, sie ist wieder da, zurückgekehrt auf Umwegen, herbeigerufen aus dem Limbus.

Ich kralle mich fest und schaue ihr in das Gesicht.

Oh, Lola.

Sie fühlt sich an wie echt.

Und doch, nur das Ergebnis der trügerischen Tarnung dieser Mädchen, an denen ihr verfluchter Duft klebt.

Ich stoße sie weg und möchte sie mir aus dem Kopf schlagen, aus dem limbischen System, aus der Amygdala, aus der Riechbahn, aus den Molekülen ihres Ursprungs.

Die Vergangenheit belügt mich, sie ist ein verfolgender Schatten, eine seelische Wunde, ein wiederkehrendes Trauma, und auch die Gegenwart ist eingetrübt.

Sie ist eine große Verführung, die mich lockt, die Sehnsucht nach Schritten in eine neue Ausrichtung, eine unverbrauchte Möglichkeit, doch sie bleibt eingetrübt von der fahlen Einfärbung des Alten.

Es ist diese Unvollständigkeit, diese Unmöglichkeit von Reinheit, die diesen Duft zur Ausdunstung eines Krebsgeschwüres macht, das mich von innen her auskleidet. Ich möchte diesen Duft, ihren Duft, vergessen, ich möchte dass diese Mädchen diesen Duft, ihren Duft, verlieren, damit ich nicht mehr SIE, SIE, SIE in allen Gesichtern dieser Mädchen sehe.

Oh, Lola.

Was sie nur aus mir macht.

Ihre Moleküle haben sich in meine Geruchssinne gebohrt, ihre Chemie sitzt in meinem Mandelkern, ihre Elektrizität strömt durch meinen Limbus und ich bekomme sie nicht heraus.

Sie verharrt in mir und Bitten und Flehen verhallen ereignislos und sie bleibt im Duft verteilt.

Das Gedächtnis, in dem sie steckt, arbeitet durch zirkuläre Ströme, durch Wiederholungen von Schaltkreisen, die auf der Ebene der Zellmembran den Einbau von Rezeptoren und Kanälen stimuliert, die über Ionenströme und elektrische Impulse die Qualität der Erinnerung bestimmen. Von der Amygdala zum Hippocampus zur Fornix zu den Corpora mamillaria und von dort aus zum Thalamus zur finalen Verarbeitung oder zurück zum Hippocampus und wieder von vorn. Je öfter ein Impuls diesen Kreislauf durchläuft, desto gefestigter wird die Erinnerung, je öfter man einen Geruch vernimmt, desto stärker bleibt er im Gedächtnis.

Dieser Duft, ihr Duft, er verfolgt mich, er klebt an allen Mädchen, wird in jedem Raum gefunden und schleicht sich in alle anderen Gerüche dieser Welt ein und mit ihm kommt die Erinnerung.

Dieser verfluchte Duft, diese verfluchte Erinnerung.

Oh, Lola.

Bei übermäßigem alkoholischen Abusus kommt es aufgrund veränderter Vitamin-Verhältnisse zu einer degenerativen Einschrumpfung der Corpora mammillaria. Sie verlieren ihre Funktion und das limbische System obliegt einer Störung. Der Kreislauf der Gedankenverarbeitung gerät aus den Fugen, das Gedächtnis setzt aus, die Gedanken gehen verloren.

Die Gedanken an sie gehen verloren. Ihr Duft geht verloren.

Ich trinke, um zu vergessen und scheitere kläglich.

Oh, Lola.

Der Verlust scheint unmöglich.

Zu oft vernahm ich ihren Duft, zu oft traf ich die anderen Mädchen, zu oft wurden sie durch ihren Geruch zu Weibern. Mein Limbus kreist unaufhörlich und in ihm meine Erinnerung um sie.

Ich kann nicht mehr aufgeben, was sie vollständig eingenommen hat. Ihr Infiltrat wurde zum Gerüst meiner Gedanken.

Die Amygdala kann nicht mehr von ihr befreit werden, indem sie aus ihr bricht, weil sie längst zu ihrer Substanz geworden ist.

Was ich an ihr noch loswerden möchte, ist längst ein Teil von mir geworden. Ihr Duft, der Duft dieser Mädchen, ist meine Wahrnehmung und ihre Erinnerung, die Erinnerung in diesen Mädchen ist mein Gefühl.

Sie hat sich in mir ausgebreitet, mich invasiv verschlungen, von innen her beschlagnahmt. Der Versuch des Herauschneidens, des Ausbrennens, ist ein Versuch, ein Stück meiner selbst zu vernichten.

Was sie aus mir gemacht hat, ist ein Produkt ihrer Wirkung.

Ich wünschte, es wäre anders, doch die Unabänderlichkeit der Physiologie und die Regelmäßigkeit der Naturgesetze lassen es nicht zu.

Sie ist kein Mensch, sie ist ein Duft, Moleküle, Chemie, Elektrizität, ein Gefühl, eine Erinnerung.

Sie zu verlieren ist nicht mehr möglich.

Oh, Lola.

SCHWARZE HUNDE

Heute ist ein neuer Tag. Und es ist wieder nicht anders. Ich liege neben Franka und warte darauf, dass sie irgendwas macht, oder zumindest sagt oder denkt, aber wahrscheinlich kommt sie wieder nicht aus dem Bett und dieser Zustand gerade ist das Einzige, was bei ihr passiert.

Sie möchte gerne raus, sagt sie, aber irgendwas in ihr, was sie nicht greifen könne, habe sie fest im Griff, habe sich mit dem Leben auf der Matratze arrangiert.

Dieses Etwas ist bei ihr nicht nur zu Gast, sondern hat sich perfide in die Lenkung ihres Daseins geschlichen und hat sie infiltriert, eingenommen, ausgetauscht. Wenn diese Macht sie einnimmt, ist sie eine Andere und selbst der Gedanke daran, dass es auch anders sein könnte, wird zu nichts mehr als einem Wunschdenken, das ich ohne sie formulieren muss. Ich möchte, dass sie mitkommt, mit mir das Leben erlebt, sie möchte es nicht oder kann es nicht, weil sie in ihrem Zustand nicht in der Lage ist, diesen Gedanken zu haben. Stattdessen werden ihre Bedürfnisse ausgetauscht, alles an ihr polt sich auf Rückzug. Sie möchte Gefallen finden unter Decken, auf Kissen knallen. Sich verfangen in den Laken, vergraben in den Daunen, eingeknöpft werden zwischen Baumwolle und Federkern, eingenäht in den Steppstich der Stoffe. Sich einleben in die Milbenhorden, Teil werden von schweißgetränkten Nachthemden und verlegten Nacken.

Sie möchte zwar wieder den Mut haben, sich aus diesem okkupierten Zustand zu befreien, doch tatsächlich ist sie nicht in der Lage, sich darauf einzulassen. So denke ich von ihr, wenn ich wegen des unruhigen Wälzens neben mir wieder viel zu früh aufwache, und ich schäme mich, wenn ich darüber wütend auf sie werde.

Jeden Tag, wenn ich die Augen öffne, sehe ich Franka, wie sie an die Decke starrt. So bleiben wir und keiner sagt ein Wort, und mit der Zeit bricht dann draußen der Tag an, gräuliche Schimmer nehmen das Zimmer ein, zu schwach, um Lichtspiele an die Wände zu werfen, zu hell, um uns den Schlaf zu bringen, den wir bräuchten.

Wir müssten uns mal Vorhänge besorgen, hat sie zu mir gesagt, dann würden wir durchschlafen können.

Franka schläft nicht gut, kann aber auch nicht gut aufstehen. Sie liegt, als hätte man ihr die Kraft ausgesaugt, auf dem Rücken, und wenn ich ihr durchs Haare fahre, ihr die Strähnen aus dem Blick streiche, kann sie nur starren, manchmal hoffen, etwas würde sich plötzlich ändern, aber das tut es nicht. Ihr wird viel genommen, wenn sie nichts tut, doch je mehr Zeit vergeht, umso weniger Antrieb hat sie, diese zu nutzen, und dann wird ihr diese Situation in kurzen Anflügen von Abstand zu sich selbst bewusst und dann beginnt sie, sich selbst immer weniger zu leiden und Angst zu kriegen, es würde immer so bleiben, weil nichts helfen könnte, was sie oder andere ihr an Hilfe angeboten haben, und diese Furcht lähmt sie noch mehr. Sie würde gern anders, aber sie kann es nicht, und weder Sport noch Tageslichtlampen oder therapeutische Gespräche und Medikamente konnten ihr bisher helfen.

Auf ihrer Brust sitzt ein schwarzer Hund aus Gedanken und ihr Kopf ist voll, und dabei denkt sie eigentlich an nichts. Während ihre Gedanken um zu viele Dinge kreisen, die sie nicht versteht, richten sich meine nur nach ihr aus, und dann schweigen wir nebeneinander und leiden beide.

Ich habe ihr die Vorhänge gekauft und geholfen haben sie nichts.

Sie liegt jeden Morgen im Bett und es kommen Erinnerungen und Erkenntnisse und bespielen sie nur passiv. Sie hat die Kontrolle über sich an etwas abgeben müssen, wogegen sich zu wehren unmöglich ist. Und je mehr sie sich dagegen sträubt, aufbegehrt, dagegen ankämpft und sich weigert, sich darauf einzulassen, umso heftiger fällt diese fragile Kurzzeitigkeit der Ablenkung über ihr zusammen und macht ihr umso stärker ihre missliche Lage bewusst.

Jeden Tag hat sie ihre inneren Kriege, immer wieder glaubt sie im Laufe des Tages, diese überwinden zu können, nachdem sie sich stundenlang selbst motiviert und aufgestellt hat, jedes Mal bricht am nächsten Morgen alles wieder zusammen.

Wenn es in dieser kurzen Zeit klappt, dass sie ihren Zustand überwindet, habe ich die Hoffnung, es wäre vielleicht ein neuer Schritt aus ihrer Misere, die sie selbst nicht mehr sieht. Irgendwas hat sich bei ihr verändert. Früher war da noch etwas anderes in ihr, Geborgenheit, Ruhe, eine kritische, aber zufriedene Selbstwahrnehmung. Schon damals lagen wir morgens nebeneinander im Bett und schwiegen, aber nicht, weil wir nicht anders konnten, sondern weil wir es so wollten. Wir verstanden uns in wortloser Verbindung, und jetzt verstehen wir uns nicht mehr, und weder sie noch ich verstehen das, was bei ihr passiert. Jetzt ist sie umtriebig, wird nervös, wenn sie zu lange an einem Ort stehen oder liegen bleibt, lässt sich irgendwann verzweifelt, kopflos durch die Tage treiben, weil es nicht mehr klappt, sich zu konzentrieren. Und manchmal macht ihr das so große Angst, diese Hetze, die sie nicht unter Kontrolle hat, von der sie bestimmt wird, dass sie gar nicht erst aus dem Bett kommt.

Wenn sie sich getrieben fühlt, schaffe ich es nicht, ihr hinterherzueilen, wenn sie gelähmt ist, bin ich nicht in der Lage, sie mitzureißen.

Ich habe den Zugang zu Franka verloren, der mir einst so groß war, dass ich ihn noch immer suche, und ich weine manchmal, wenn sie selbst dazu nicht imstande ist, wenn ich bemerke, dass sie sich auch nicht mehr versteht.

Am Anfang war sie noch traurig, wenn es ihr nicht gut ging, sie fühlte sich froh, wenn es besser wurde, jetzt fühlt sie eigentlich gar nichts mehr.

Es ist eine Art, die sich in den letzten Jahren bei ihr eingeschlichen hat. Eine Ambivalenz zwischen Rückzug und Öffnung zur Welt hin, die sie nicht greifen kann. Manchmal wird sie nachts wach und strömt über vor Bedürfnis nach Menschen und Eindrücken und Gefühlen, und dann springt sie auf und verschwindet und kommt dann wieder, ohne ein Wort darüber zu verlieren, und manchmal ist sie davon einfach nur müde.

Schlaf ist ihr Zeitverschwendung und einziges Bedürfnis gleichermaßen geworden.

Manchmal, wenn sie die Ketten in ihrem Kopf sprengt oder diese sich aus Boshaftigkeit lockern, ohne verloren zu gehen, will sie die Welt sehen, alles gleichzeitig, und dann ist sie ihrer so überdrüssig, dass sie sie nur noch vom Bett aus erleben kann. Sie ist an den falschen Stellen zu sehr und an anderen zu wenig dabei.

Genau so, wie ich immer weniger eine Rolle in ihrer Fühlart spiele, hat sie immer weniger Einfluss darauf, was mit ihr passiert.

Modulation ist nicht mehr möglich. Ihre Gefühle sind nicht mehr schwingungsfähig, Franka wird zwischen zwei Polen geschwungen.

Sie zieht sich zurück und nimmt sich aus allem raus, und doch kommt keine Ruhe bei ihr auf. Sie stürzt sich hinein und macht alles mit, und dabei kommt sie auch nicht wirklich damit klar. Ihr Kopf ist mit Watte ausgelegt, da ist so viel Dumpfes drin, dass nichts Neues mehr hineinpasst, gleichzeitig wird sie es nicht los, dieses grübelnde Gedankenspiel.

Wenn ich sie frage, wie es ihr geht, kommt schon lange keine Antwort mehr.

Die Menschen kommen immer weniger mit ihr zurecht, weil sie es mit ihnen auch nicht tut, und dabei bemerkt sie selbst, dass da irgendwas nicht stimmt.

Es ist ja nicht so, als würde sie sich keine Gedanken machen, hat sie mir mal gesagt, doch sie habe keine Ahnung, was das für welche seien.

Sie ist in eine Weltwahrnehmung gerutscht, die sie nachts nur noch schlecht schlafen lässt, weil sie alles hört, alles sieht, was selbst in der Stille der Dunkelheit passiert, drinnen und draußen, und sie fühlt sich bei beiden fehl am Platz.

Die Welt passiert nur mehr ohne sie und es ist, als würden die Zeiten, in denen sie an ihr teilnimmt, immer kürzer werden, die Episoden ihres Rückzugs, ihrer Isolation immer mehr und länger. Manchmal ist sie neidisch, enttäuscht, motiviert, selbstreflektiert und mit sich im Reinen, meistens ist sie aber nur leer.

Ich habe Franka kennengelernt, als ihre Art, die Welt zu sehen, nichts weiter war als eine kokette Melancholie, tiefe Gedanken zwar, doch nicht gefangen in ihrem Tal, zynisch und enttäuscht von dem Lauf der Dinge auf der Welt, menschenscheu, aber mehr durch den Filter ihres Anspruchs bedingt als durch eine Unmöglichkeit, sich zu arrangieren.

Sie sei eben immer schon komisch gewesen, sagt sie manchmal, und ich denke mir: Ja, davon habe ich mich begeistern lassen, davon wurde ich berührt, damit hat sie sich selbst in einer Art privilegiert, die man einen traurigen großen Geist nennen konnte. Sie brannte in ihrer kritischen und alles taxierenden Leidenschaft, manchmal wurde ihr diese Hitzköpfigkeit ein wenig gefährlich, aber sie brannte und gefiel sich selbst darin. Jetzt flimmert sie nur noch und es ist immer weniger zu sehen, was zwischen all der Infiltration noch an tatsächlicher Substanz von ihr durchbricht.

Als das Ganze anfangen hat, diese Schlafstörungen, habe ich im Internet vom sogenannten Vigilanzmodell der affektiven Störungen gelesen. Eine neurowissenschaftliche Idee, die versucht, durch Hirnaktivität und EEG-Ströme die Entstehung dieses Problems zu erklären. Es geht davon aus, dass eine Hypervigilanz, eine unverhältnismäßig starke Aktivierung von Hirnströmen, dafür verantwortlich ist, dass der Körper in dieser erhöhten Bereitschaftsstellung kompensatorisch Mechanismen in Gang setzt, die einen körperlich herunterfahren sollen. Weil der Geist zu wach ist, beginnt der Körper, müde zu werden, man wird träge, antriebsarm, beginnt seine Interessen zu verlieren und die Konzentration schwächelt.

Wenn man zu viel schläft, hat man zu viel Energie und verliert diese schlussendlich dadurch wieder. Es soll erklären, warum die Leiden morgens am stärksten ausgeprägt sind, warum dabei ein großes Bedürfnis nach Ruhe vorherrscht, warum man bei lauten Geräuschen aufschreckt und durch zu viel Trubel schnell die Fassung verliert.

Schläft man zu wenig, fahren die Hirnströme herunter, der Körper kompensiert dies, indem er sich aufputscht, vor nervöser Energie zu platzen droht, nach Input sucht, der einen herausbringt aus dieser Müdigkeit. Man wird getrieben, bis man erschöpft zusammenbricht und wieder im Bett klebenbleibt. Das soll die Symptomatik affektiver Störungen erklären, es ist ein Modell, das nicht der Kern der Weisheit ist, viele Fragen bleiben offen, man weiß noch nicht genügend darüber, es ist nicht schlechter oder besser als all die anderen Theorien, die sich Menschen darüber machen, was da eigentlich passiert.

Es sind Gedanken und es macht Frankas Situation kein Stück besser, es erleichtert ihr nicht den Ausstieg aus ihrer Last und gibt ihr keine Hilfe mit, die sie unterstützt.

Doch ich fühle mich damit gestärkt. Es gibt mir etwas Greifbares, etwas Nachvollziehbares in einer Situation, in der sonst nichts greifbar, nichts nachvollziehbar ist für mich. Und ich bin dankbar für jedes noch so phantastisch anmutende Element, das mir ein Stück weit aufklärt, was dort passiert. Ich glaube, Franka hängt fest und ihre Unmöglichkeit, sich zu befreien, ist ein Ausdruck genau dieses Problems.

Als ich viel eher als sie erkannt habe, dass sich in ihr etwas verändert, habe ich beschlossen, dabei zu sein, wenn sie dagegen ankämpft. Ich kann für sie nicht die Dinge ändern, die sie belagern, aber ich kann sie anspornen, wenn es gut läuft, sie auffangen, sie aushalten, wenn es das nicht tut.

Und das ist nicht immer einfach. Wäre es etwas klar zu Benennendes, etwas Ersichtliches, etwas für sie und für mich klar Verständliches, würde sie weniger unter sich leiden und ich täte mich leichter, sie nachzuvollziehen, die Dinge nicht persönlich zu nehmen, die sich auf mir ausbreiten. Mit einem gebrochenen Bein ist jedem sofort klar, weshalb man nicht aus dem Haus geht, bei Brüchen im Selbst fällt es schwer.

Es ist ein Leid, das aus *einem* Menschen kommt, aber zwei betrifft. Es ist ein Schatten, der eine Person in Dunkelheit deckt, aber auch einem anderen die Sonne nimmt.

Es ist nichts, was der Leidtragende allein bewältigen kann, und es ist nichts, was jemand oder etwas anderes ihm abzunehmen imstande ist. Vieles zerbricht, vieles verändert sich dadurch. Es ist keine freiwillige Entscheidung, was man in der Situation denkt, darin macht, darin fühlt.

Aber es ist meine Entscheidung, liegenzubleiben, wenn sie es tut, mich nicht leer zu fühlen, obwohl sie mir nichts geben kann, mich nicht verloren zu fühlen, wenn sie mich und sich verliert.

Und auch wenn es manchmal schwer ist, bleibe ich neben ihr liegen und streiche ihr immer wieder aufs Neue die Strähnen aus ihrem Blick.

Denn ich weiß, dass das nicht sie ist, was in ihr passiert, sondern eine Krankheit mit einem Namen, der nicht Franka ist.

DIE FINGER GANZ GELB VOM RAUCH TRAURIGER TAGE

Seit Luisa weg ist, rauche ich wieder. Es gab eine Zeit, da war es anders, eine Zeit, die die unsere war. Sie war erfüllt von Zweisamkeit und so viel Nähe, dass es keinen Platz für Zigaretten zwischen uns gab.

Statt Rauch stahl sie mir den Atem, und kein Geschmack von Asche sollte ihren Speichel verfälschen.

Wenn sie sprach, wollte ich ihre Worte ohne Rauschen der Rauchwolke zwischen uns von ihren Lippen vernehmen. Kein blauer Dunst sollte sie verdecken, wenn sie mich dabei ansah, nur Luisas Augen, nur ihr Blau.

Jetzt sitze ich auf dem Fensterbrett, rauche Gauloises und trinke Merlot. Ich betrachte ihn mit seiner tiefroten Farbe und stelle mir vor, ich küsse richtig ihre Lippen, wenn ich das Glas ansetze.

Der Geschmack ist schwer. Eine Schwere, die sich von der Flasche ins Glas und in den ganzen Körper überträgt, und ich möchte nichts anderes, als mit meiner Sehnsucht in Rauch und Rausch aufzugehen.

Mein Vermissen ist ein vollkommenes Klischee.

Gemeinsam blieben wir gesund, jetzt ist sie weg und ich möchte, dass sich etwas ändert.

Luisa studierte Medizin und das war auch der Grund, der sie sich von mir entfernen ließ.

Erst war es ihr Ehrgeiz, der uns die Zeit nahm, dann ihr Wissen, das uns um unsere Gemeinsamkeit brachte, und schließlich ihre Entscheidung, sich für ein Jahr von mir zu entfernen, ein Jahr, in dem sie das alte Land verließ und im neuen blieb. Sie zieht durch die Welt und bleibt gesund, und wenn ich nur lang genug rauche und trinke, entferne ich mich entweder bis zum Vergessen von ihr, oder meine Sehnsucht, die mich einnimmt wie eine Krankheit, führt mich direkt in ihr Wartezimmer.

Welche andere Möglichkeit bleibt mir, um das, was jetzt ist, zu überstehen?

Ich zünde mir eine Zigarette an und weiß, dass alle Menschen Krebs kriegen und wir nur alt genug für den unseren werden müssen.

In jeder Minute unseres Lebens mutiert in unserem Körper eine Zelle und es scheint reine Willkür, ob daraus ein Karzinom entwächst. Wenn die Dinge, die uns umbringen, einen Namen bekommen, wächst die Angst.

Morbus Wissen. Selig sind die Unbewussten.

Ich möchte keine Angst haben und ich rauche. Ich stelle mich ihr. Ich bin damit mutig. Mutig genug, um mich auch den Konsequenzen von Luisas Abschied zu stellen.

Mit ihr war es anders. Luisa hatte immer einen Plan und er war der meine.

Sie war mit sich im Reinen und ihre daraus hervorgehende Kraft inspirierte auch mich. Ich habe es genossen, mich ihr anzuschließen und gemeinsam mit ihr Ja zum Leben zu sagen und zu anderem Nein. Nachzudenken und zu verzichten und daraus so viel zu gewinnen.

Wir rauchten nicht, wir tranken nicht. Wir wollten alt werden, alt und glücklich, vielleicht ja sogar unsterblich, und ich habe mir nichts Schöneres vorstellen können als das.

Für sie wäre ich auch für immer in diesem Land geblieben, das ich so gerne mal verlassen würde. Letztendlich ging sie und ließ mich zurück.

Um mich nicht der Überforderung bei der Verarbeitung von Gefühlen einer Vergangenheit in einer neuen Gegenwart stellen zu müssen, ertränke ich mich im Vermissen.

Ich will gar nicht ordnen, was aufgewühlt wurde, ich möchte nicht abschließen, was längst zu Ende gegangen ist.

Ich möchte mich in die betäubende Melancholie graben, die mir inzwischen so heimisch geworden ist, möchte noch etwas an der Traurigkeit festhalten, wenn schon nichts anderes mehr von Luisa hiergeblieben ist.

Alles, was ich in mir habe, ist das große Bedürfnis, mich zu betrinken, nicht unter Menschen zu gehen und meine Lunge mit Qualm zu füllen, bis meine Finger gelb geworden sind vom Rauch trauriger Tage.

Ich möchte auch die Reste ihres Abgangs konservieren und mein ethanolgetränktes Herz einlegen wie ein anatomisches Präparat, das sie in allen seinen Feinheiten kennt.

Broken Heart Syndrome.

Durch stressinduzierte äußere Reize springt meine natürliche Prädisposition zu Herzrhythmusproblemen an, schlägt erst zu schnell, dann wild, dann gar nicht mehr.

Bevor sich das Blut zurückstaut und Wasser in meine Lungen treibt, fülle ich sie mit Rauch, um das drohende Herzversagen zu verzögern.

In ihrer Welt macht das keinen Sinn, in meiner viel zu sehr. Es ist jetzt eine Zeit, die ist anders, als die, die wir gemeinsam teilten, aber meine Gedanken um Luisa haben sich dem noch nicht angepasst. Manchmal, wenn ich vergesse, traurig zu sein, ziehe ich so langsam an der Zigarette, dass mir der Rauch Tränen in die Augen treibt und ich mich erinnere, warum ich es eigentlich tue.

Ich kann nicht sagen, dass ich es wirklich genieße, zu rauchen. Eigentlich ist es mir sogar unangenehm, wie der bittere Tabak an meinem Streichholz Feuer fängt und die Glut auf den festgesteckten Zigarettenkörper überspringt.

Die weiße Farbe des Blättchens färbt sich schwarzgelb, und wenn ich am Filter inhaliere, tut mir sogar das Knistern der Flammen weh wie brechende Rippen in der Stille.

Menschen, die seit Jahren rauchen, brauchen das Nikotin in den Adern. Im Nachtleben genießen sie die zusätzliche Betäubung neben dem Alkohol, die Zigarette nach dem Sex verspricht eine Abrundung der körperlichen Befriedigung.

Und meine Zigaretten bedeuten Veränderung. Ich rauche und finde Gefallen daran. Ich zerstöre alte Muster und finde Erlösung.

Es wird etwas in Bewegung gesetzt und ein Stein losgestoßen. Zu rauchen und vorsichtige Schlucke von der Schwere des Merlots zu trinken suggeriert eine seit Jahrhunderten erprobte Umgangsweise mit Dingen, die einen übersteigen. Es wird etwas anders, das, was man kennt, wird eingetauscht gegen eine neue Möglichkeit.

Ich möchte, dass fortan in jeder Minute meines Lebens eine Zelle in mir mutiert und mir einen neuen Körper schenkt. Die Waschung des Geistes, die Überarbeitung eines alten Systems. Ich entferne mich von mir selbst, bis ich mich nicht mehr nach Luisas Augen sehne, von denen ich weiß, dass sie mich fortan übersehen werden.

KINTSUGI

Kintsugi (jap., dt. „Goldverbindung, -flicken") – eine japanische Kunstform zur Restaurierung von Keramik, in der Bruchstücke mit einer nach dem Prozess am Gefäß sichtbaren Goldpaste geklebt werden; der Prozess der Wiederherstellung und Reparatur wird nicht versucht kaschiert, der Schaden wird bewusst ins Objekt eingearbeitet

Bier aus Plastikflaschen, das ist der Anfang jedes guten Verfalls."

Meine Schwester sitzt im Schneidersitz auf der Couch, trägt Boxershorts und Hemd und schlägt mit der Hand auf den Glastisch. Es rumpelt, sie lacht und kratzt sich am Hals. Ständig schabt sie an sich herum, ungesunde Rillen sammeln sich an ihrem ganzen Körper, das verpasst mir selbst einen nervösen Juckreiz. Als würde es nicht ausreichen, dass mir Schweiß über den ganzen Körper fließt.

Sie wohnt im Hinterhof, Nordseite, wie verflucht warm müsste es erst sein, wenn sie nicht in dieser sonst so schäbigen Lage wohnen würde.

Die Fenster sind ohne Wirkung aufgerissen, die Vorhänge zu schlapp, um auch nur zu zucken, seit Tagen hängt die Luft in der Stadt fest. Stickige Schwüle treibt in die Wohnung, umhüllt mich, erschlägt mich. Die Hitze macht mir ganz schön zu schaffen.

Wir hängen zuhause herum, seit ich zu ihr gefahren bin.

Mara hat da nämlich so ein Problem mit der Haut. „Sonnenallergie", sagt sie, „Polymorphe Lichtdermatose", sagt die Medizin und eigentlich heißt es „Juckreiz" und „Hautausschlag bei exzessiver Sonnenbestrahlung". Es genügt reichlich Lichtschutzfaktor und Stoffbedeckung im Sommer, um dem entgegenzuwirken, doch fordert das Wetter derzeit mehr, als sie dagegen aufbringen kann. Seit Mara vor die Tür gegangen ist, sind ihre Ekzeme wieder aufgetaucht, jetzt ist sie eine fleckige Porzellanpuppe.

Ihr geschecktes Aussehen ist ihr relativ egal, aber weil sie schon jetzt die Krise kriegt, vom ständigen Kratzen, geht sie vorerst nicht aus dem Haus.

Dass sie derzeit kein großes Bedürfnis hat, vor die Tür zu treten, liegt dabei nicht nur an ihrem Hautproblem, sondern auch an Paul.

Paul war ihr Freund, „Fuckbuddy", korrigiert Mara immer, aber ihr nichtsdestotrotz lieb und nahe.

Ich habe beschlossen, in ihrer Nähe zu bleiben, als ich erfahren habe, dass sie sich getrennt haben, „die Geschichte beendet", darauf besteht sie.

Und ich kenne meine kleine Mara.

Weil ich weiß, wie sie drauf ist, wenn einer ihrer Typen weg ist und was sie mit ihrem darauf folgenden unkontrollierbaren Übermaß an Gefühlsschwankungen mit sich anstellt, will ich für sie da sein.

Was auch immer das heißen mag. Sie ist ein Auffangbecken emotionalen Mists, das regelmäßig durch die Fülle ihrer Depression zerspringt, also versuche ich ihre Lecks zu flicken, bevor etwas Schlimmeres passiert.

Ich bin da, höre ihr zu, rede, passe auf. Ich bin ihr großer Bruder, Zivi ihrer Impulsivität. Es sind anstrengende, heiße Tage für uns beide.

„Ich will mich betrinken", skandiert sie.

Mara durchlebt betrunken die einzige Form von Traurigkeit, die sie genießen kann, alles andere ist ihr zu matt, zu dumpf, nicht definiert genug.

Wenn etwas in ihrem Leben auseinanderbricht, dann will sie es auch richtig und eindeutig spüren. Nicht langsam fallen, sondern gleich zum Tiefpunkt kommen und dort zerbrechen. Weil für Mara matte Gefühle zu verschwommen sind, ist es, als wären sie gar keine, und das hält sie noch schlechter aus.

Ihr Bedürfnis, sich selbst in ihrer Traurigkeit zu spüren, war mir schon immer unverständlich, was sie sich dafür antut, sogar noch mehr. Deshalb entscheidet sie sich jetzt für den Katalysator Alkohol und ich beschließe, dass das zumindest ein besserer Weg ist, als sie den eigenen Körper malträtieren zu sehen.

Weil sie nicht aus dem Haus geht, schleppe ich mich zum Kiosk und bringe Bier.

„Aber aus Plastikflaschen, das macht uns so schön asi!"

Sie sind ihr albern und schäbig genug, um sich damit zu gefallen. Sie prostet mir zu. Die Flaschen prallen aneinander, kein Klirren, nur kindliches Klappern der Spielzeugflaschen.

Wir gießen Bier in aufgeheizte Körper und ich warte vergeblich auf ein Zischen. Ihr Oberschenkel macht ein schmatzendes Geräusch, als sie ihre verschwitzte Haut vom Leder des Sofas zieht. Sie rückt näher, beugt sich vor und schubst mich in Rückenlage. Ihre Wangen sind gerötet, zarter Schweiß perlt an ihrem Augenlid, wie Neurodermitis zeichnen sich die aufgekratzten Flecken an ihrem Hals ab.

„Du bist so gut zu mir, Bruderherz."

Sie sitzt lachend auf meinem Schoß und legt

ihren Kopf auf meine Brust. Staubige Luft wirbelt aus der Couchgarnitur auf wie Wüstensand, ich fahre ihr mit der Sorgfalt eines Restaurators, der seine fragile Kunst bewundert, über den Rücken.

Ich habe sie schon immer gehalten, wenn sie auseinanderbrechen wollte.

Unsere schwitzigen Körper kleben aneinander. Es muss Liebe sein, dass ich mich nicht vor ihr ekel.

Etwas in ihr hat sie immer weit aufgemacht für die Eindrücke aus ihrer Umwelt, hat sie früh sensibilisiert für die Wahrnehmungen ihres Körpers. Ihre Freuden sprühten Funken, an denen sie sich in ihrer Traurigkeit die Haut verbrannte.

Die Rastlosigkeit ihrer Gefühle wurde zu einer Rastlosigkeit zwischen den Menschen, sie stürzte sich immer in Gänze in neue Erfahrungen und Geschichten und zog daraus entsprechend intensive, traurige Konsequenzen, wenn es vorbei war.

Mara ist ein impulsiver Wechsel zwischen Extremen. Freude und Traurigkeit, Nähe und Distanz, ihr schwarz-weißes Gefühlsleben hat keine Graustufen.

Sie stützt sich auf meinen Brustkorb und ihre Ärmel rutschen hoch.

Ich greife ihre Unterarme wie den Halt eines Rollstuhls, spüre narbige Male. Mein Daumen fährt über alte Wunden an ihrem Unterarm, sie zieht diesen nicht zurück.

Meine Hand fährt über das Relief ihrer Haut. Mit meiner Anwesenheit möchte ich ihr mehr davon ersparen.

„Warum machst du das eigentlich?“

„Was?“

„Das.“

Sie löst sich aus meinem Griff, dem Zivi engleitet der Rollstuhl. Mara trinkt aus ihrem Spielzeugbier und ich betrachte ihren zerschundenen Unterarm. Sie ist angespannt, fummelt wieder an ihrem Hals herum.

Es muss nur heiß genug werden, bis jedes Material zerspringt. Ich merke, wie mir Schweiß auf der Stirn perlt.

Sie schabt und es juckt mir selbst wieder unter der Haut.

„Es macht dir Schiss“, stellt sie fest.

Ich fahre ihr durchs Haar und versuche zu lächeln, mein Mitleid reicht nicht aus, damit sie es erkennt, und sie schlägt mir auf die Hand.

„Ich will doch, dass es dir gut geht.“

„Scheiße, nein“, äfft Mara und lässt sich zurück auf die Couch fallen. Es rumpelt wieder und Plastikflaschen rollen über das Parkett.

„Was willst du von mir?“

Ich richte mich auf, mein Hemd klebt am Rücken fest, ich lüfte den Stoff, hebe beschwichtigend die Arme.

Kapitulation vor der anbahnenden Eskalation. Die Schwüle drückt.

„Ich bin da, weil ich mir Sorgen um dich mache.“

Sie verzieht ihre Miene zu einer grotesken Maske mit weinerlichem Gesicht. Mit den schabenden Fingern in ihrer Haut sieht sie aus ein expressionistisches Gemälde.

Der Schrei.

„Du hast Schiss, weil du dich dafür verantwortlich fühlst.“ Haare kleben mir an der Stirn. Ich hätte nicht gedacht, dass mir noch wärmer werden könnte. Es kribbelt an meinem ganzen Körper.

Ist das jetzt der Beginn des Lagerkollers?

„Natürlich fühle ich mich verantwortlich. Du bist meine kleine Schwester.“

„Oh, mein kleines Schwesterchen weiß nicht, wie sie mit dem Leben klarkommen soll, weil sie eine scheiß Borderlinerin ist, und ich bin da, um ihr zu helfen", faucht Mara.

Animalisch kratzt sie sich, gräbt tiefere Rillen in ihre Haut.

„Du hast keine Ahnung, also lass. Was geht dich das an, was ich mache?"

Die Hitze steigt mir in den Kopf, sie zischt wie Dampfkessel.

„Ich sage doch nur, dass ich sehe, dass du nicht klar kommst und ich dir helfen möchte."

„Du bist scheiße."

Ich hänge durch, immer wieder ihr Stimmungstorkeln.

„Lass es, es ist unnötig, ja?" Sie hat keine Lust mehr, zu reden. Mara klebt wieder am Lederbezug, ihre Haut ist fleckig, narbig, verschwitzt. Sie läuft aus.

Mit jedem Schaben von ihr krabbeln mehr Insekten in meinen eigenen Körper. Ich werde nervös, muss mir die Oberschenkel fassen.

Ich habe mir schon immer Sorgen gemacht um meine kleine Mara, denn sie hat stets ihr Leid offen benannt und sich darin exzessiv bewegt, weil sie meinte, sie brauche das, um daraus wieder Kraft und eine neue Ausrichtung zu gewinnen.

Wenn eine Liebesgeschichte in ihrem Leben zerbrach, zerbrach sie mit, doch setzte sie sich daraus immer wieder neu zusammen.

Metamorphose-Mara.

Jede Verletzung hat sie in ihrer Kollektion an Erfahrungen gesammelt, jede Brüchigkeit wurde in ein Gesamtbild eingefügt. Ein wenig beneide ich sie ja um ihren ordnenden Umgang mit den unglücklichen Dingen, wären da nicht die Folgen, die ich nicht verstehe.

„Was du da machst, ist unnötig, Mara."

„Was du jetzt machst, ist unnötig."

Wir reden aneinander vorbei, die Worte walzen sich schwer durch unsere Ohren. Die Schwüle vibriert in der Resonanz ihres Kratzens.

Getier bohrt sich durch meine Hautschichten. Wir sollten uns nicht gegenseitig verletzen, aber tun es trotzdem.

„Du musst jetzt nicht so überreagieren."

„Wer reagiert hier über? Du mischt dich in Dinge ein, die dich nichts angehen", spuckt sie mir entgegen.

Ihre entzündeten Wunden wie Kriegsbemalung.

„Es ist heiß, wir hängen schon zu lange in dieser kleinen Wohnung fest, ich habe keine Lust, hier auch noch so eine Nummer draus zu machen."

Sie trinkt aus ihrem Bier. Jetzt beuge ich mich über sie und sitze auf ihrem Schoß. Sie ist so wütend auf mich, dabei habe ich nur Angst um sie.

Sie versteht mich gerade genau so wenig, wie ich sie.

„Mara, komm, lass un..."

Sie spuckt mir prustend Bier in das Gesicht. Wasserdampf und Moskitos.

Ich schrecke zurück, rutsche von der Couch und krache in den Glastisch. Es klirrt, es rumpelt, ich liege in den Splittern. Irgendwas zerschellt.

Mara ist plötzlich unendlich weit weg und richtet sich wütend am Abhang ihres Sofas auf. Sie fixiert mich und richtet ihre Finger wie eine Pistole auf mich.

Mir ist, als würde die Hitze Luftschlieren zwischen uns ziehen. Verfluchter wilder Westen.

Es hat einhundert Grad in diesem Zimmer, die

Decke schmilzt. Ich liege auf einem Scherbenhaufen und Mara spuckt Flammen. Ihre Kratzspuren bluten.

„Hör auf, immer alles retten zu wollen."

Eine Plastikflasche rollt über das Parkett. Das Tropenklima hat uns geschlagen, unsere Hauttermiten fressen sich aus ihren Territorien, unsere Körpermaden winden sich aus ihrem überforderten Kokon.

Warmes Bier suppt auf den Boden.

Ich stehe auf, klopfe mir die Splitter aus dem Hemd und gehe ins Bad.

Ich drehe den Hahn am Waschbecken voll auf und warte, bis das Aluminium beschlägt.

Die Haut besteht aus drei dünnen Schichten, von oben nach unten nennen sie sich Epidermis, Corium und Subkutis. Die oberste Schicht besteht zum Großteil aus abgestorbenen Zellen, schuppigen Partikeln, die sich Tag für Tag erneuern, abfallen, nachwachsen, bei Sonnenlicht sogar einfärben. Sie verändert sich ständig, sie ist der regenerative Teil unserer Haut. Die tote Schicht zwischen Umwelt und Körper.

Im Corium sitzen die Talgdrüsen und der Haarbalg, der Ursprung der Hauthärchen. Durch beides entsteht die oberflächliche Thermoregulation unseres Körpers, durch Einfettung bildet sich ein Schutz vor Vertrocknung bei Hitze, durch die Haare ein zartes Luftpolster, das eine Wärmeabgabe nach außen ermöglicht. Erst wenn eine Verletzung bis in diese mittlere Schicht durchdringt, bildet sich aufgrund fehlender regenerativer Hautzellen eine Narbe.

In der Subkutis befinden sich die Gefäße, Adern und Nerven, eingebettet in schützende Fettschichten. Darin die Tastkörperchen, zwiebelartige Faserbündel, die taktile Wahrnehmung und Schmerzreize ermöglichen. Erst hier entsteht das Gespür.

Was uns abgrenzt, was uns zeichnet, was uns schmerzt, ist alles eine Frage der Tiefe.

Ich halte meinen Kopf ins Wasser, es rauscht, es tobt, Gewitterwolken reißen auf und ich bade mich im Regen. Zum ersten Mal seit Tagen ist mir nicht heiß. Ich höre, wie im Nebenzimmer niemand Scherben zusammenfegt.

ARCHITEUTHIS

In Zeiten von Traurigkeit probierst du dich an großen Sätzen, um dem Gefühl der Bedeutungslosigkeit einen Anschein von pazifischem Tiefgang zu gewähren.

Wasserbilder, sagst du, funktionieren da am besten, denn wir wären fortan, nun ja, Verflossene.

Deine im Augennass versunkenen Aussagen wie Atlantis, kaum echt, aber umso beeindruckender, wie du dir die Illusion erlaubst, so überzeugt mit ihnen zu sprechen, als würden sie sinnstiftend sein für etwas, was keinen Sinn hat.

Sie fallen dir schwer und mir auch, ein wenig wie Monsunregen auf mein Haupt.

Was nicht hydrophob genug ist, zerfließt darin in Selbstmitleid, und somit ich. Ich verfluchter süchtiger Seemann, der leichtgläubig an den Steilhängen deines Sirenengesangs zerschellt. Du warst früher Einmaster, jetzt eine kriegswütige Fregatte, ich einst dein Rettungsboot, jetzt nur mehr Treibholz mit Flossen

Das der Wasserpegel steigt, wüssten wir doch beide, sagst du, ich dachte, wir schwimmen, sage ich und stehe doch nur bis zum Hals in Vorwürfen. Es habe nichts mit mir zu tun, ich weiß schon, ich verstehe, was du meinst, bin ich doch selbst Romantiker oder Zyniker oder wie das nochmal heißt, wenn man mal nicht auf der Absenderseite der Flaschenpost steht. Früher seitenlange Briefe, jetzt nur noch Morsezeichen.

Das war mal anders, wir waren voneinander erhitzt und haben uns mitgerissen in die aufregend kühlenden Fluten des weiten Meeres.

Auf nach New York, hast du gesagt, stattdessen laufen wir heute Nacht in Alaska auf, Babygirl, meine Hafenbraut, meine Seeräuber-Jenny. Vom Atlantik abgekommen, nicht mehr Flosse an Flosse, sondern in arktischen Gefilden.

Der Schweiß unseres gemeinsamen Ruderns verdampfte von deiner Haut auf unserem Weg, was zurückblieb, waren Salzscherben, die sich durch deine Meerjungfrauenschuppen als kristalline Traurigkeit in dein Herz bohrten, und weil einst ich in deinem Herzfleisch wohnhaft wurde, schnitten sie sich durch die Gewebe bis zu mir und mich heraus aus deiner Brust. Wir sind schon zu lange orientierungslos, sagst du, ich denke, mein Kompass war immer nach dir ausgerichtet.

Du warst mein Kreuz des Südens, ich hatte nie Angst, auf die falschen Strömungen zu kommen, egal ob Mittelmeer oder Nordatlantik, du zu sehr, und jetzt bist du Käpt'n Nemo und ich die Nautilus, die du zum Untergang zwingst.

Du hast uns in das Auge des Orkans gelotst und ich zu fixiert auf dich, um das zu merken.

Der Anfang deiner stürmischen Worte kündigte sich harmlos an, ich verwechselte sie mit Brisen, die ich so gewohnt war, die gut taten in unserem Sommer. So verharrte ich in der Hoffnung, sie würden nicht zur Gewitterfront werden, bis du schließlich meinen Blick auf eben diese frei gabst, als du dich wegdrehtest und meine Augen schließlich von dir löstest.

Wir haben kalte Haut, höre ich aus deinem Mund, und ich weiß, wie schwer es ist, warme Finger von kaltem Metall zu lösen und wie schmerzhaft konsequent du daran reißt, bis es dann doch noch klappt. Ich wünsche mir, ich hätte den Wettererfahrenen mehr Glauben geschenkt, meinen Freunden oder meinen Eltern oder zumindest der Bibel, die alle was von Teufeln und Apokalypsen erzählen.

Von Noah hätte ich mir was abschauen können, seinem Ehrgeiz, aus Nichts etwas Rettendes zu bauen, hätte es übertragen können auf die Fähigkeit, aus etwas Kaputtem etwas Schützendes zu errichten.

Doch es scheitert bei uns ja schon an zwei von jeder Art, und während ich überlege, ob ich dich vielleicht trotzdem fragen sollte, ob du nicht noch Kraft für Selbstrettung zu zweit hättest, sagst du, wir säßen schon lang nicht mehr im selben Boot und so kalt, wie du es aussprichst, bist du der Eisberg, der meins zum Kentern bringt. Frauen und Kinder zuerst, und ich halte mich filmreif verzweifelt am Türrahmen fest und überlasse dir das rettende Holz der Titanic.

Wir wissen nicht, was wir treiben, sagst du, ich weiß nicht, wohin wir treiben, sage ich und ich wünschte, ich hätte noch mehr hohle Phrasen, an denen ich mich halten könnte, warme Luft hält oben. Stattdessen erstarre ich in der kalten Realität deiner bilderreichen Sprache, und was früher der Speichel war, den ich dir von deiner Zungenspitze trank, ist nun ein Schwall, der mich überflutet, der mich dich bis zur Atemnot verschlucken lässt.

Du öffnest deine Lippen wie Staudämme und es fließen Worte, Worte, Worte zwischen uns. So wie es aus dir herausplatzt, muss es ein Wolkenbruch sein, und so wie es bei mir ankommt, mich überkommt, ein Weltuntergangsszenario, mit all dem Ende und dieser übermäßigen Dramatik.

Es hat sich in dir angestaut und nun will es aus dir heraus, und was du sagst, treibt uns in der Kraft seiner Wirkung auseinander wie Schiffbrüchige.

Deine Worte hören nicht auf und dein Mehr wird zum Meer und ist klar und in der Wässrigkeit seiner Formulierung verliere ich an Halt. Die Wucht der Überraschung, die mich ins kalte Wasser stößt, macht es mir unmöglich, aus der Schockstarre heraus abwehrender oder zumindest fliehender Bewegung nachzukommen.

Ich falle durch die Metaphorik deiner Sprache und du gießt das Haifischbecken deiner Sätze mit tränenangereicherten Worten auf, und weil ich sie nicht glauben möchte, werden sie zum Lügenmeer. Du sagst so viel und ich höre doch nur noch das gurgelnde Blubbern wabernd wiegender Wogen. Als ich in das Gespräch eintauche, fehlt mir die Eleganz eines Kopfsprungs, denn ich werde von dir ins kalte Wasser geworfen. Das Gewicht deiner Worte macht mich schwermütig.

Mit vollem Kopf sollte man nicht schwimmen gehen, oder war es doch der Magen?

Schwer verdaubar bleibt, was auf ihn schlägt, in mich schlägt, mich zum Grund der Probleme führt wie zu Wracks werdende Yachten.

Meine Reglosigkeit schlägt an der Oberfläche Wellen, deine Gefühlsflut strömt auf mich ein und sinkt über mir zusammen.

Während ich deine erhitzten Sätze im dumpfen Gehör deines Meeres kühle, verdampfen die Inhalte und ich vernehme nur mehr unverständliches Rauschen, je tiefer ich sinke. Der Resonanzraum des Wassers eignet sich für diese Sätze voller Bilder, die aus der Vergangenheit auftauchen, um zum letzten Mal Luft zu holen vor der letzten Versenkung.

Das Übermaß der Dinge, das nun in mir vorgeht, vergrößert sich und lässt mich sinken im Sinne der Physik, die noch nie vertragen hat, wenn solch eine Masse sich in einem Körper wie meinem auf viel zu kleinem Raum verdichtet, während du in deiner Kühle noch als unwirkliches Wesen auf der Oberfläche deines Ozeans zu schweben scheinst. Die Anomalie des Wassers beweist sich im Eis, das oben schwimmt. Ich sehe von unten deine Poseidon-Wellen toben, doch eingehüllt in der Tiefe der Szenerie wird der Sturm bis zur Bedeutungslosigkeit in seiner Lautstärke gedämpft.

Ich erkenne dich nicht mehr deutlich, die luftige Leichtigkeit zwischen uns hat sich gegen Augenwasser eingetauscht. Klare Formen sind nicht mehr möglich und deine Gestalt dort oben entfährt mir bis zur Mystik.

Durch die Lichtbrechung des Wassers wird deine Gestalt von Meerjungfrau zur Riesenkrake, deine mich einst haltenden Hände zu Fangarmen, und ich weiß nicht, ob ich noch glauben kann, was ich bis jetzt gesehen habe, so authentisch unverfälscht haben sie mich umklammert und ziehen mich auf den Grund, zu den Gründen des Ganzen. Du schwimmst davon, zu den vielen anderen Fischen im Meer, ich fühle mich kraftlos, als würde ich heute bei den Fischen schlafen.

Deine wackeligen Beine wollen Neuanfang, du zitterst, oszillierst durch das Wasser von dannen wie Amöben, und ich war immer Fels in Brandung, jetzt ausgebrannt, leichtfüßig wie ein Betonblock in diesem deinem aufgebauschten Meer.

Fühlen sich die ersten Augenblicke des Unterwasserlebens an dir an wie die Freiheit des Fliegens, wird man sich, an Höhenflug gewöhnt, der Abwesenheit der Luft im Ertrinken bewusst.

Atme, was du kannst, du brauchst mich wie Wasser zum Atmen. Ich versuche Mund-zu-Mund Beatmung, du spuckst nur weitere Fontänen.

Der Druck deiner Wasserworte dellt mich ein. Ich möchte schreien, aber nichts davon darf raus, um mir den Atem zu sparen, der hier unten so wichtig wird.

Ich halte mir Mund und Nase zu, um nicht zu scheitern.

Alles, was herauskommt, beschleunigt nur den Untergang.

Die gesamte Energie meines sinkenden Zustands fokussiert sich auf Druckausgleich, den Ausgleich des Drucks deiner Hand gegen den zerschmetternden Druck deiner Worte.

Und dann der Aufprall, tiefer geht es nicht, aufgewühltes Korallenriff.

Hier unten warte ich, in den Konsequenzen deiner vielen Worte, deiner Meeresmetaphern, und wenn dich dein Weg einmal durch diese Gegend führt, du vielleicht nur langsamer sinkst als ich oder du deinen Auftrieb irgendwann verlierst, dann findest du mich und wirst nicht glauben, wen
du in den Streifzügen deiner Augen siehst.

Bis dahin arrangiere ich mich am Meeresgrund, du inszenierst dich bis dahin als Architeuthis.

WENN WIR UNS SEHEN

Du bist dünn geworden“, sagst du. „Du siehst immer noch furchtbar aus“, sage ich, und wir sind kein Stück weit umständlich, als wir uns hier am Gleis umarmen, und ich wundere mich, dass ich mir auf dem Weg durch den Bahnhof tatsächlich Fragen gestellt habe, die gerade unnötiger nicht scheinen könnten: Wie lange haben wir uns nicht mehr gesehen? Erkennen wir uns sofort wieder? Wie schnell übergehen wir den obligatorischen Tanz um nichts? Verstehen wir uns immer noch wie früher? Und wenn alles schief läuft, sieht man uns dann die Verzweiflung an, mit der wir versuchen, an alter Nähe anzuknüpfen, oder sind wir so ehrlich wie bisher miteinander und gestehen uns ein, dass da nichts mehr ist?

Du musst weiter, du hast hier nur einen Zwischenstopp für zwei Stunden und wir haben uns seit einiger Zeit nicht mehr gesehen. Wir sind beide zu treulos, um öfter zu versuchen, unseren Kontakt zu reanimieren, wir sind beide zu erfreut umeinander, um eine solche Möglichkeit wie heute nicht zu nutzen. Wir sind verflucht gute Freunde, glaube ich, auch wenn ich es früher mal mit mehr Überzeugung, mehr Sicherheit sagen konnte. Ich mag dich so gern wie selten jemand anderen, umso irritierter bin ich, wie wenig wir uns bemühen, es uns öfter zu zeigen, und sei es nur dadurch, sich mal zu melden, wenn wir einander nicht gerade wegen irgendwas brauchen, eines Umzugs wegen, als starke Schulter, als Schnapsfreunde. Und doch ist es immer nur kurz vorher komisch und letztendlich wieder gut, wenn wir so selten frequentiert aufeinander treffen und uns begegnen, als wären da nicht Monate zwischen uns oder hunderte von Kilometern, Menschen im Alltag, zu deren Geschichten wir kein Gesicht kennen, die wir jetzt Freunde nennen, obwohl das mal unser Privileg war. Als wären da nicht Beziehungen gewesen, die wir nicht füreinander initiiert haben, weil wir alleine Feiglinge vor dem Herrn sind, zu denen wir uns nicht immer wieder ermutigt haben, wenn es mal komplizierter wurde, als gute Filme zu zweit im Bett und okayer Sex, in denen wir uns nicht gegenseitig gesagt haben, wie schön der andere in seiner Zweisamkeit aussieht, wenn man ihn glücklich geahnt hat, in denen wir uns nicht eingestanden haben, wie tragisch es ist, wenn Dinge auseinanderbrechen, obwohl man sich gerade erst an sie gewöhnt hat, in denen wir uns nicht eingeredet haben, wie gut der Plan nach Marlboro und Merlot klingt, wenn es auseinander- ging, und sei es nur in Gedanken.

Die Zeit, in der wir uns so nah waren, dass unsere größte Sorge die Öffnungszeiten der Imbissbude in einer Montagnacht war, ist lange vorbei.

Ich habe ein bisschen Angst um uns, denn vieles ist anders und vieles noch genau so wie früher.

„Du bist und bleibst ein attraktives Miststück“, sagst du und ich fahre dir durchs Haar, weil ich merke, dass mir dein frecher Plauderton gefehlt hat.

„Was ist los bei dir?“, frage ich.

„So dies und das. Viel Uni, viel Beziehungskiste, läuft so“, sagst du.

„Läuft gut?“

„Manchmal, ja. Öfter schön als nicht, aber nicht immer fair. Bei dir so?“

Du hast einiges gesehen, was so los war bei mir, hast dich tapfer durch meine Facebookchronik gelesen und ich habe die deine verfolgt. Du wusstest, was Sache ist bei mir, dass da einige

Dinge echt gut gelaufen sind, dass ich es selbst kaum glauben mag, und ich wusste von dir, was dich genügend berührt hat, dass du es teilen wolltest. Wir waren selten in Kontakt, aber treu in unserem Voyeurismus, unsere Leben im Anriss der Fassade wie Glaskästen. Ganz nebenbei haben wir mitgekriegt, was so passiert bei uns, wer wo war, welche Projekte wir fertig haben, welche Abende glorreich wie Siegertreppchen schienen, dass wir uns politisiert haben müssen oder zumindest interessierter sind als früher, weil wir jetzt so viel kommentieren und teilen, auf Seiten, denen wir beide folgen. Dass das mit der Arbeit gut klappt für uns, dass da ein bisschen was fertig geworden ist seit dem letzten Mal, seien es erfolgreiche Semester, Forschungsprojekte, Kunstkram, schöne Momente mit den Leuten unseres Alltags. In all der Selbstdarstellung, in all dem Bedürfnis nach exhibitionistischem Merkblatt im Netz wird mir bewusst, wie gut es für uns ist, dass es das gibt, obwohl wir uns manchmal darüber ekeln, aber uns doch freuen können, über all diese Dinge nicht so viel reden zu müssen, als wären sie uns fremd, weil wir darin eine Möglichkeit gefunden haben, uns auf dem Laufenden zu halten, ohne über alles sprechen zu müssen. Wir müssen keine Angst haben, uns gegenseitig beim auf die Schultern klopfen niederzudrücken.

Stattdessen erzählen wir uns von unserem Jahr, von dem wir so wenig wissen. Von den Facetten, die zu traurig sind, als dass sie in der Masse des Positivismus im digitalen Marktschrei standhalten könnten, die nicht zu dem passen, wie wir gerne wahrgenommen werden möchten, die zu gefährlich sind, als dass sie in einen scrollenden Alltag platzen könnten, um unkommentiert stehengelassen zu werden. Wir erzählen uns von den Dingen, die uns zeigen, dass wir niemals in einer virtuellen Wirklichkeit leben könnten, weil uns all die Kehrseiten fehlen, die sie bedeuten müsste. Denn wenn wir einander noch was Gutes sein wollen, wie früher, sind wir es uns schuldig, diese makellose, fleckenfreie Hülle abzustreifen, in der wir uns im Spot der Massenunterhaltung so wohl fühlen.

„Ich komme inzwischen klar", sagst du, „aber es geht wie immer nicht ganz auf."

„Bleibst du ewig umtriebig?"

„Nicht immer, aber der Rest. Zahlt wohl jetzt heim, was da so passiert ist."

Und wir erzählen uns von der Liebe. Dass wir uns endlich wieder bereit fühlen, mitzumachen, dass es sich anfühlt, als wäre der verletzte Vogel Herz wieder in der Lage, zu flattern und dass es auch klappt, manchmal, nur dann halt meist mit den Falschen. Dass alte Narben überwunden sind, deren Wunden wir noch beide kannten, aber das neue hinzugekommen sind, mit Geschichten, die wir in unserer Abwesenheit verpasst haben. Ich bin froh, dass du sie nicht weiter erklärst, ich wäre traurig, zu wissen, was für Augenblicke ich in deinem Leben verpasst habe, die dich so sehr geprägt haben, dass du jetzt ein kleines bisschen anders, definierter bist, als vor der Erfahrung. Dass immer so viel passiert in einem Jahr, vom Frühling, der uns beide noch so verflucht unsicher gelassen hat mit der Frage, was wir eigentlich wollen, weil da so viel war, dass der Sommer uns so viel eingeredet hat, weil da jemand war, der uns hätte verstehen können, es aber letztendlich nicht so wollte wie wir, dass der Herbst uns mal wieder in die Knie zwingt, weil wir keine klare Vorstellung von dem haben, was wir wollen, weil da so wenig ist, wie wir uns mit manchen fühlen, aber es sich aufreibt, wenn deren Ideen klarer sind als die unseren und es dadurch nicht unglücklicher sein könnte.

„Es bleibt unfair“, sagst du, „denn entweder wir kriegen es nicht auf die Kette, uns einzulassen, oder wir fühlen uns so liegengelassen, weil sich jemand zu uns verhält, wie sonst nur wir.“

Und wir erzählen uns von diesen flüchtigen Momenten, die uns immer wieder die Haut aufwärmen, die wir sonst wie gefühlsarme ledrige Schalen um unsere Körper gespannt haben. Ich bin froh, dass wir noch immer in so literarischen Bildern fühlen und denken, wir können so voreinander sprechen, denn es fühlt sich nicht falsch an, zu wissen, dass unser Lachen nur bedeutet, sich bewusst zu sein, wie verflucht ironisch und gemein sich die Dinge manchmal ergeben und ich nicht glauben mag, dass du ein Mensch geworden bist, der sich plötzlich an mir belustigt. Dass es da immer wieder mal jemanden gab, der uns in der Nacht warm gehalten hat und am Morgen nicht peinlich war. Dass da Gespräche waren, an denen wir geordnet wurden und gewachsen sind und dass dieses Maß an Intimität dann doch am Ende allein verarbeitet werden musste, weil zu schnell auseinander geht, was nicht wirklich klare Formen hat. Dass wir uns an unserer Freiheit, unseren Möglichkeit freuen, aber gleichzeitig merken, wie furchtbar es sich anfühlt, wenn es jemand anderes auch tut und es bedeutet, dass wir außen vor bleiben.

„Und wenn es doch mal klar geht, dieses Gefühl, dass man da etwas hat, was ein Raum ist, der nicht begrenzt ist“, sagst du, „haut es nicht hin, weil da was anderes ist, was dem im Weg steht.“

Und wir erzählen uns von den Umständen, die nicht immer nur die der anderen sind, die uns das Treiben schwerer machen als unbedingt nötig.

Dass man darunter leidet, wie wenig Konstanz da ist, in unserem Alter, aber wie sollte es auch sein, wenn man sich sorgen muss, wo man in den nächsten Jahren leben wird, welcher Masterplatz denn der richtige sein könnte und wo man denn genommen wird, wohin einen der Job bringt, von dem man nicht einmal weiß, ob er einem gefallen wird, dass es schwer ist, sich auf Menschen einzulassen, denen es genauso gehen wird und deshalb jegliche Zwischenmenschlichkeit unter einer Halbwertzeit läuft. Ich bin froh, dass du aus einer Zeit kommst, in der das noch anders war, denn ich weiß nicht, wie nah ich dich lassen würde, wenn ich wüsste, dass du gleich wieder weg wärst, wie heute, als wäre die Begegnung auf Durchreise nicht nur Ausdruck einer veränderten Zeit, sondern das einzige Bekannte zwischen uns. Dass Erasmus uns alle auseinanderbringt statt näher zusammen, dass Auslandsaufenthalte spannend klingen, aber gleichzeitig sehr beängstigend, dass wir in unserem Bedürfnis nach einem souveränen, selbstbestimmten Leben doch nur immer wieder an Bedingungen und Vorstellungen eines Außen anecken, das wir nicht beeinflussen, uns höchstens darauf einlassen können, was uns nicht weniger beängstigt, nimmt es uns doch all die Selbstständigkeit, in der wir uns so gerne sehen.

„Wir sind schon verhältnismäßig mutig, wenn man mal sieht, mit was wir alles zu kämpfen haben", sagst du, „und dann wollen wir auch nicht enttäuschen."

Und wir erzählen uns, wie es um unsere Familien und Freunde steht. Dass man inzwischen mit den Eltern klarkommt, alles andere wäre auch albern, aber man merkt, wie viele Sorgen man ihnen bereitet, mit der eigenen Unsicherheit, dem fehlenden Schlachtplan angesichts des vielen Unbekannten, was uns erwartet, der Zeit, in der sie sich selbst zurücknehmen, um uns auszuhalten und zu geben, was wir zu selten wertschätzen und zu sehr als Selbstverständlichkeit annehmen. Dass wir unsere Geschwister lieben, aber nicht wissen, wie ehrlich es ist, wenn wir uns eingestehen, wie selten wir an sie denken. Dass unsere Freunde noch immer zu uns stehen, dass wir uns noch immer privilegiert und bereichert fühlen, dass da welche sind, die uns auch dann noch leiden können, wenn wir es selbst nicht können. Ich denke daran, dass du so einer dieser Menschen für mich bist, und selbst wenn du es anders siehst, bin ich froh darüber, dass du es nicht aussprichst, um mich nicht zu enttäuschen. Dass die Ersten geheiratet, die ersten Kinder gekriegt haben, dass die Ersten viel zu ernst erkrankt sind für ihr Alter, sogar schon Menschen gestorben sind, die viel zu jung dafür waren. Dass wir nicht wissen, was es mit uns macht, dass es uns sehr beschäftigt, aber wir nicht wissen, wie sehr es sich auf uns auswirkt. Dass da Dinge passieren, die unsere Vorstellung übersteigern, aber dass es weder klappt, sie auszublenden noch sich ihnen zu stellen.

„Denn egal, was Sache ist, da kommt dann manchmal etwas, was man nicht erwartet hat und zwingt einen in die Knie“, sagst du. „Du kannst nie genügend vorbereitet sein und das ist so verflucht ungerecht.“

Und jetzt könnten wir uns davon erzählen, wie viel Schiss wir beide haben. Dass wir beide zu sehr lieben, um darunter nicht zu leiden und es doch zu wenig tun, um damit glücklich zu werden. Dass wir zu viel Sex haben, um sich einsam zu fühlen, aber zu viel Bedürfnis nach Alleinsein haben, um sich nicht immer wieder zu verlieren. Dass wir so viel planen, konzipieren, umsetzen, dass es ein ehrwürdiges Gefühl ist, wenn etwas aufgeht, was wir uns vornehmen, aber dass zu viel dazwischen kommt, um sich wirklich lange darüber zu freuen. Dass wir so froh sind um die Menschen in unserem Leben und dass wir so viel Angst haben, was passieren würde, wenn sie plötzlich weg wären, auch wenn wir sie nicht immer sehen oder aushalten können. Dass wir so viel Angst vor Krebs und Depressionen haben, aber wir zu viel trinken, zu viel rauchen, zu intensiv versuchen, uns davon abzulenken, um nicht immer wieder daran denken zu müssen. Dass wir viele Ideen haben und viel lesen und lernen und uns doch kein Stück besser gewappnet fühlen für all den Mist, der da draußen auf uns wartet. Dass wir, seit wir uns das letzte Mal gesehen haben, älter geworden sind, sogar ein Stück weit mehr erwachsen, aber nicht aus dem juvenilen Rauschzustand kommen, mit dem wir versuchen, das Leben nicht zu verpassen.

Wir könnten jetzt ganz viel sagen, was uns durch den Kopf geht, was wir jetzt so angesprochen haben, manchmal in unseren Facebookchroniken durchleuchtet, immer irgendwie präsent für uns beide.

Ich bin froh, dass wir es nicht tun.

Denn dein Zug fährt gerade ein und du musst gehen, musst weiterfahren, all das Verständnis, all die Geborgenheit wieder auflösen, in die wir uns gerade geredet haben. Du musst zurück in deinen Alltag und ich in meinen. Und doch bleibt da kein Gefühl von Traurigkeit, obwohl ich nicht weiß, wann wir uns wiedersehen oder ob sich die Dinge weiterhin so gut für uns entwickeln werden, dass wir voneinander lesen werden, ohne den Kontakt tatsächlich so zu verbessern, wie wir es uns beide mal wieder vornehmen. Oder ob wir noch weiterhin zwar bewusst, aber nicht überfordert mit all den Lasten im Kopf weitermachen wie bisher, um daraus ein lebensfrohes Bewusstsein, einen motivierenden Antrieb und höchstens einen erschöpften, aber noch lange nicht aufgebenden Plausch daraus zu ziehen. Denn wir umarmen uns auch nach all diesen Worten kein Stück weit umständlich, bevor du in den Zug steigst und abfährst, ohne Plan, wann wir uns das nächste Mal begegnen. Aber es ist ein schönes Gefühl von Dankbarkeit, das immer wieder aufkommt, wenn wir uns sehen, und ein Beigeschmack von Scham, uns in Frage zu stellen, nur weil man in der Geschwindigkeit der Tage die Beständigkeit so sehr in Frage stellt, dass die Skepsis selbst an den Dingen rührt, die einem tatsächlich Konstanten sind.

Manchmal wünsche ich mir, mutiger zu sein, zu wissen, dass Dinge gut sind und bleiben können, und du machst mich in dieser Erkenntnis immer wieder zu einem zufriedeneren Menschen. Ich bin froh darüber, dass vieles anders und vieles noch genau so ist wie früher.

VOM LIEBEN oder IM JAMMERTAL DER KATZEN

Liebe. Hach ja. Was für ein Scheißding. Und doch so schön. Wir sollten dringend mal mit ihr klar kommen.

Wir sollten einen Augenblick innehalten, Luft holen, zur Seite treten und sie und uns von außen betrachten. Unser Lieben oder Nicht-Lieben aus einer Perspektive der Unbeteiligung heraus erleben.

Die Subjektivität der ganz persönlichen Gefühlswelt in einen objektiven Rahmen setzen.

Kurz gesagt: Mal nicht nur wissen, wie wir unser Glück und Unglück finden, sondern uns fragen, woher es kommt.

Nicht, dass wir es sonst nicht tun würden, eigentlich stellen wir uns diese Frage sogar recht häufig.

Wahrscheinlich tun wir das sogar eine Spur zu oft mit solch inflationärer Großzügigkeit, dass die ständige Selbstreflexion über das Fühlen uns selbst in den Wahnsinn treibt und die umstehenden Menschen gleich mit, die es gütigerweise erdulden oder erdulden müssen, weil sie sich mal geschworen haben, uns mit all unseren guten wie schlechten Seiten zu akzeptieren.

Bis sie zu spät bemerkt haben, auf was für eine anstrengende Aufgabe sie sich mit dem Menschen als soziales Wesen eingelassen haben.

Immer wieder hören wir Gejammer und Selbstbeweihräucherung von allen Seiten – die einen leiden ewigen Herzschmerz und die anderen finden bereits zum dritten oder vierten Mal die eine große Liebe ihres Lebens. Musiker singen vom Unglück in der Liebe, am laufenden Band werden uns Filme von Liebestragik griechischen Ausmaßes vorgesetzt und Idealformen einer Zwischenmenschlichkeit angeboten, die wir mal mehr, mal weniger erfolgreich zu imitieren imstande sind.

Und manchmal schreibt dann eben jemand einen Kommentar und lässt sich auch noch in Textform über die große Ungerechtigkeit der Liebe aus.

Aber das muss auch so sein. Wenn wir es nicht tun würden, würden wir ja nur noch mehr Gründe haben, durchzudrehen, und als ob wir nicht schon genug Unruhe in uns tragen würden, die wir auch auf andere übertragen, wäre es unverantwortlich, auch noch auf das Ventil der Formulierung zu verzichten.

Denn warum fällt uns das Thema Liebe so schwer?

In beängstigender Geschwindigkeit prasseln die Impressionen und Möglichkeiten zum Fühlen und Gefühltwerden, Verlieben und Entlieben von außen auf uns ein.

Dazu steckt in uns selbst so viel an Erfahrung und Verarbeitung, weshalb auch noch von innen heraus so viel ausbrechen möchte, dass von zwei Seiten wilde Kräfte auf uns einwirken und uns zu zerreißen drohen.

Mit all der Intensität, mit all den Facetten unseres Empfindens ist es keine Verwunderung, wenn wir am Ende mit einem Gefühl von Überforderung dastehen und nicht mehr weiter wissen. Geschweige denn, was wir von der Liebe halten sollen. Sind wir mit ihr glücklich? Gibt sie uns einen Grund zum Unglücklichsein? Wollen wir mehr, oder haben wir schon jetzt genug?

Diese unklaren Wechsel machen uns Angst.

Die ständig geforderte Flexibilität unseres Herzens auf die variierenden Umstände seines Fühlens leiert es aus und am Ende tut es dann halt weh.

Aus dieser ewigen Überforderung wächst keine Stärke heran. Wer emotional nicht zum Durchatmen kommt, dem geht die Luft irgendwann aus. Sauerstoffmangel und wir verfallen in ein Gefühlsdelirium, und am Ende stirbt das Herz an Unterversorgung.

Wir springen so oft zwischen den Gefühlen, jagen von einer Herzensangelegenheit zur nächsten, dass wir am Ende nur zusammenbrechen können und Stärke nur den Zeitrahmen festlegt, wie lang es dauert, bis uns die Puste ausgeht.

Am Ende seiner wilden Jagd zuckt jedes Herz nur mehr schwach.

Und daraus folgt eine ernüchternde Konsequenz, damit es gar nicht erst so weit kommt.

Bevor uns jemand den Atem verschlagen kann, behalten wir ihn lieber für uns, damit er uns nicht fehlen kann. Bevor uns jemand unsere rar gewordenen Kräfte raubt, die wir zur Überwindung unserer Zurückhaltung aufwenden müssen, halten wir uns lieber von diesem Menschen fern.

Wir werden so vorsichtig und sparsam mit unseren Gefühlen, dass wir gar nicht bemerken, dass wir längst übervorsichtig und geizig geworden sind.

Eigentlich wollten wir uns ja nur vor dieser Erschöpfung schonen, doch haben wir dabei so viele schützende Mauern um uns herum aufgezogen, dass plötzlich gar nichts mehr zu uns durchdringen kann.

Nichts, was uns verletzt, aber auch nichts mehr, was uns liebevoll erreicht.

So viel Defensive, dass das Ergebnis Isolation wurde.

So lässt sich eine Zeit lang gut und sicher leben, aber irgendwann wird es kalt alleine hinter dem Mauerwerk der Abschottung. Wir wollten in unserem Fühlen nicht verletzt werden und werden in unserem Fühlen nun auch nicht mehr bereichert.

Wir kühlen von innen aus und Hingabe mit Happy End wird für uns zur belächelten Fantasie.

Wärmende Liebe wird zu einem romantischen Begriff mit naiver Einfärbung und zur Angriffsfläche.

Wir verstecken uns hinter Ironie und Kühle und distanzieren uns fast schon zwanghaft von jeglicher Assoziation zu diesem kitschbehafteten Begriff, den es ohnehin nicht mehr gibt.

Nie gab. Der schon immer Mist war. Ein verfluchter Kunstbegriff ohne Realitätsbezug. Und daraus entwächst dann der Unmut, weil er irgendwie fehlt.

Junge Menschen sind halt einfach einsam.

Wir haben so ein Verlangen nach Zweisamkeit, dass wir uns nach jedem Rinnsal beugen, das uns Nähe verspricht, doch die Sehnsucht können wir damit ja doch nicht stillen. Vielleicht lassen wir uns ein, zwei Nächte darauf ein, vielleicht lassen wir ja sogar eine kurze Zeit jemanden an uns heran, der uns emotional streichelt, unseren Körper berühren darf, doch stoßen wir ihn weg, sobald er anfängt, komplexer und damit automatisch komplizierter zu werden.

Wenn man die Oberfläche durchdringt, wird jedes Fühlen schwer.

Damit ist nicht einmal richtige Schwere gemeint, nichts, was uns zur Last wird und uns zu Boden drückt, sondern diese Art von Beklemmung, die jeder von uns kennt, der schon einmal jemanden geliebt hat und unter der Angst litt, dass es prinzipiell wieder anders werden könnte.

Wir mögen die Menschen, aber jeder von uns kommt im Näherkommen an einen Punkt, an dem er anfängt, Verantwortung für sich und andere zu tragen.

Es muss nicht sofort Liebe sein.

Vielleicht erst einmal ein bisschen mehr als einfach nur ein Aneinanderreiben. Ein Punkt, an dem es nicht mehr egal ist, wie es dem anderen geht oder wie man sich selbst durch ihn fühlt.

Und wenn dann mal so etwas kommt, was den Anschein nach mehr als nur Oberfläche macht, schrecken wir zurück.

Wir haben uns zu sehr an unseren Zustand des Alleinseins gewöhnt, so dass wir unter allen Umständen versuchen, die Einsamkeit loszuwerden, aber uns zurückziehen, sobald da etwas kommt, das uns einnehmen, uns an wirklich intimen Stellen berühren könnte.

Etwas, das uns dazu bringt, unseren Schutz abzulegen und angreifbar zu werden. Etwas, das uns dazu führen könnte, verlacht zu werden oder zu verlieren.

Wenn wir ehrlich zu uns selbst sind, lassen wir nur eine Form der Nähe zu, in der wir prinzipiell eine Möglichkeit zur Distanz sehen.

Wird sie weniger, bekommen wir Angst. Und mit unserer Angst machen wir uns und andere Menschen traurig.

Wir sind so ein verfluchter Widerspruch!

Wir sind ein Haufen gebrannter Kinder, die nicht wissen, was sie wollen. Wir lassen uns einmal das Herz brechen und sind danach für immer traurig. Wir werden abgelehnt und verabschieden uns deshalb gleich von der Welt.

Was soll denn das? Das ist doch witzlos.

Die Erfahrung unserer Vergangenheit ist unser größter Gegner. Wir sind viel zu abgeklärt für unser Alter. Wir sind sowas von unverhältnismäßig. Wir fühlen uns emotional völlig ausgekühlt, nach dem kleinen Feuer, das uns da gelockt hat und an dem wir uns ein bisschen verbrannt haben.

Uns im Inneren berühren können wir nicht, dafür kreischen wie die Kater. Wir sind im Jammertal der Katzen, wir jaulen verletzt gegen den Mond an und zerfließen mitleiderregend über unserem Herzschmerz, ohne etwas dagegen zu tun.

Wir hoffen auf eine große Erlösung aus dem Nichts. Eine Universallösung für alles, statt uns einfach mal aufzuraffen und zusammenzureißen.

Klar tut es weh, klar hat jeder von uns seine Narben abgekriegt – aber wollen wir uns wirklich immer wieder um die selben bitteren Erfahrungen herumbewegen, statt endlich mal voran zu kommen? Einmal geliebt und enttäuscht sind wir für gefühlte Ewigkeiten darüber traurig.

Das ist doch feige. Das ist doch falsch.

Wir rechtfertigen damit doch nur unseren fehlenden Mut, zu realisieren, dass Alleinsein schlichtweg scheiße ist. Dass es nicht an unserer Vergangenheit, sondern unserer Gegenwart liegt, dass wir nicht mehr klarkommen. Wir müssen uns ja nicht in jede große Liebe stürzen, die wir irgendwo vermuten, keiner redet davon, dass wir uns affektiert in etwas hineinsteigern müssen, in dem wir uns unwohl fühlen, aber es ist doch unfair, sich grundlegend zu verschließen und jedem Menschen, dem wir begegnen, etwas Böses zu unterstellen. Das macht uns doch selbst zu arroganten Bösewichten.

Wir beenden die Dinge, noch bevor wir sie angefangen haben.

Wenn wir uns so hinter unserem Schutzpanzer verstecken, bringen wir den anderen in eine Verlegenheitsposition: Er hat nicht einmal die

Chance, zu uns durchzudringen, ihm bleiben nur vergebliche Versuche, Mühen aufzuwenden, die ohnehin unbeachtet verfallen.

Das Ergebnis: ein weiterer Mutiger, der aus Frust zu einem Feigling wird wie wir.

Wir sagen uns ab, noch bevor wir überhaupt wissen, wovon. Abwägen ist nicht mehr, ein grundlegender Nihilismus wird zum Allgemeinplatz.

Unsere Isolation entsteht nicht aus Reflexion, sondern aus Angst, die aus einer alles determinierenden früheren Verletzung heraus entstand.

Wir werden einsam, weil wir nicht mehr mit Menschen sein können. Nicht, dass es uns nicht zusteht, das Alleinsein anzustreben. Wer möchte nicht ein souveränes Leben, das wahrhaftig die Möglichkeit bietet, eigenständige Entscheidungen zu fällen, sich in einem reinen Bewusstsein zu wissen, Gefühlslagen und Perspektiven nicht von einer Um- und Mitwelt verzerren zu lassen, sondern aus einer unbefleckten Selbstwahrnehmung heraus zu gestalten.

Nicht jede Konzentration auf eine eigene Sache muss aus der Abkapselung kommen, nicht jeder Ich-Bezug ist Egoismus. Doch ist diese Form der gesunden Selbstverwirklichung anders als die reaktive Abschottung, sie besitzt eine harmonische Toleranz, wenn nicht sogar Offenheit gegenüber der Liebe, auf die sie sich nur gerade nicht bewusst konzentriert.

Wenn wir wirklich zufrieden mit uns wären und nicht nur ängstlich zurückgezogen, könnten wir mit dieser Form des Alleinseins große Ernten einfahren und auch die Menschen würden dabei mit uns zurechtkommen. Die Distanz zwischen uns und den anderen würde sich nicht mehr so künstlich provoziert anfühlen. Es würde der Zwang fehlen, diesen Abstand aufrecht zu erhalten, wir müssten uns nicht kräfteraubend bemühen, unter allen Umständen alle Einflüsse auf unsere Gefühlswelt von uns fern zu halten, weil sie uns keine Angst mehr machen würden.

Doch so ist es leider nicht.

Wir verstecken uns hinter unseren Narben. Wir wurden enttäuscht und möchten das Gefühl der Zurückweisung und Ablehnung nicht noch einmal verletzt durchleben, doch vergessen wir dabei das vorangehende Lieben, das uns einst so glücklich geöffnet hat, dass wir überhaupt erst so tief verletzbar wurden.

Aus Angst wurden wir apathisch und gefühlskalt.

Wer nichts macht, der macht nichts falsch. Keine große Liebe, kein großes Leid.

Wir sind beschützt und wohlbehütet.

Doch wir sollten mit unserem Aufpassen aufpassen.

Die Gefahr, dass wir uns so lange von der Intensität der Empfindung fernhalten, bis wir irgendwann verlernen, damit umzugehen, ist gegeben.

Zwar leiden wir dann nicht an frischen Wunden, aber an der Last, dass wir zum leichten Gefühl nicht mehr in der Lage sind. Wir werden unantastbar.

Das heißt: keine Wunden. Aber das heißt auch: keine wirkliche Nähe.

Das kann doch nicht ernsthaft unser Maß sein. Wir können uns damit doch nicht einfach so zufrieden geben.

Es ist gefährlich in der Welt dort draußen. Sie ist groß und strotzt nicht nur von Möglichkeiten, glücklich zu werden, sondern umso mehr von denen, die uns stolpern und böse fallen lassen, dass es noch mehr weh tut als bisher. Es gehört Mut dazu, über alte Narben hinwegzusehen und sich noch einmal unter die Menschen zu trauen. Um zu erfahren, dass sie nicht nur kalt und gefährlich, sondern herzlich, warm und besorgt miteinander umgehen können. Dass sich gegenseitig die Wunden zu streicheln schöner und bereichernder ist, als sie sich zuzufügen. Dass auch gebrannte Kinder noch einmal Freude am Feuer haben können. Dass ein gebrochenes Herz zwar nie vergessen, aber wieder schlagen kann.

Diese Hoffnung klingt so weit hergeholt und pathetisch, aber auch wenn sie es wäre, verpasst sie mir ein angenehmeres Gefühl, als die Wirklichkeit der Distanz.

Sie wirkt erstrebenswerter als der Punkt, an dem wir uns befinden.

Sie ist ein furchtbar kitschiger Gedanke, doch so unglaublich hoffnungsvoll und warm.

Ich möchte zumindest an sie glauben.

DER AUTOR

David Wozniak hat polnische Wurzeln, wurde 1990 in Berlin geboren, wälzte sich durch seine Jugendjahre im niederbayerischen Straubing und hat nun zwischen Medizinstudium, Promotion in der Psychiatrie und Schreibmaschine an Leipzig sein Herz abgegeben.

Zwischen jugendlichem Idealismus und romantisiertem Liebesbegriff schreibt er seit mehr als einer Dekade an Texten über zwischenmenschliche Gefühlskaskaden und Generationsphänomene in Prosa, Lyrik, Drama und seitenlangen SMS. Er arbeitet vor und hinter der Kamera an Kurzfilmprojekten und hatte 2014 und 2015 mit KAFFEE, KUCHEN, KITSCH UND KIPPEN und LIEBE, DU MISTSTÜCK Lesereisen auf zahlreichen Kleinkunstbühnen der Republik.

Fassadenflucht – Politische Dichtung der Gegenwart II
Hrsg. Franziska Röchter, Vorwort Bernhard Winter
chiliverlag, ISBN 978-3-943292-32-9, 208 Seiten, EURO 9,90

Diese zweite Sammlung politischer Dichtung der Gegenwart knüpft an das Anliegen des Bandes I (Strohblumenstörung, chiliverlag 2015) an, Meinungen, Überzeugungen, Stimmungen zum aktuellen politischen Geschehen und zu gesellschaftlichen Realitäten der Gegenwart mit Blick auf Vergangenheit und Zukunft flächendeckend einzufangen. Namhafte und auch unbekanntere zeitgenössische Dichter aller Altersstufen aus Deutschland und Europa geben ihre engagierten poetischen und literarischen Statements zu gesellschaftlichen und politischen Zuständen.

87 Autorinnen und Autoren, u.a. Fritz Deppert, Ingo Cesaro, Ralf Burnicki, Michael Starcke, Raffaele Gatta, Manfred Pricha, Alex Dreppec, Michel Ackermann u. v. m.